KB203942

기도와 믿음의 능력

THE POWER OF FAITH
AND PRAYER

그리스도인들은 그 책의 사람들, 바로 성경의 사람들입니다. 성경에만 권위를 두고, 성경대로 살며, 성경에 자신을 계시하신 삼위 하나님만을 예배하고 사랑합니다. 이에 **그 책의 사람들**은 하나님께만 영광 돌리고, 하나님의 나라와 교회의 번영과 행복을 위해 성경에 충실한 도서들만을 독자들에게 전하겠습니다.

기도와 믿음의 능력

내가 능히 이 일
할 줄을 믿느냐?

주여 그러하오이다!

지은이 **새뮤얼 러더퍼드**
옮긴이 김현준

The Power of Faith & Prayer

차 례

일러두기

1. 옮긴이 주로 표시된 성경 구절은 원문에 없었던 것을 독자들의 편의를 위해 찾아 넣은 것입니다.

2. 원문에서 오기로 표현된 단어들이나 표현도 옮긴이가 바로 잡았습니다.

3. 낯선 인명이나 사건의 내용 역시 옮긴이가 독자들의 편의를 위해 그 당시의 역사를 살펴서 간략하게 각주로 설명했습니다.

독자들에게 드리는 서신 (1713년 판본에서 발췌함)

이 강론의 저자는 경건과 학식으로 유명합니다. 이 말세의 시대에 경건의 비밀이나 경건한 삶과 능력에 대해 많이 알고 있는 자들은 소수에 불과합니다. 모든 과목 중 가장 즐겁고 탁월한 수업은 하나님과 그분의 아들 그리스도 예수를 배우는 것입니다(요 17:3 참고). 저자는 그 과정에서 훌륭한 학생이었습니다. 그는 또한 하나님의 뜻을 알고자 성령의 지도를 받으며 열심히 성경을 탐구했습니다. 그는 하나님의 진리에 대한 헛된 사색을 지양하고 하나님의 뜻을 따르는 일에 매진했습니다. 그는 뜨거운 신앙인이었습니다. 하나님과 하나님의 영광을 위해 사는 것이 그의 삶에서 주된 일이었습니다. 그 결과, 하나님의 교리를 확증 지었습니다(요 7:17). 그리고 자신은 하나님을 기쁘시게 하는 모든 고귀한 방법에 정통한 자가 되었습니다(히 11:5; 요일 3:22 참고).

러더퍼드는 본이 될 자질이 많은 자였습니다.

1. 러더퍼드는 건전한 믿음의 사람이었습니다. 그는 기록된 말씀에 마음과 판단을 복종시켰습니다. 성령께서 말씀하신 내용과 모든 것이 일치되도록 성경을 연구했습니다. 그리고 그리스도께서 명하신 것만 가르치는 데 주의했습니다(마 28:20). 하나님의 신비를 풀어줄 모든 현명한 학자와 신실한 청지지가 주의할 점이 하나 있습니다. 그것은 기록된 신성한 말씀만 추구해야 한다는 것입니다. 말씀은 무오할 뿐만 아니라 지혜가 담겨 있습니다(신 4:2; 12:32; 잠 30:6). 그래서 우리의 신학이 신성 안에 있는 하나님의 신비를 그대로 드러낼 수 있게 해줍니다. (하나님께서 계시해주시는 한계까지) 그 신비는 다름 아닌 무엇보다 가장 진실하고 순결한 신성이며, 인간과 천사에 대한 모든 신성한 지식의 근본이요 표준입니다.

저자가 완전무결하다고 하지 않겠습니다. 다만 그가 실수했다 해도 미미하며 개혁교회가 공유하는 교리에 영향을 미칠 정도는 아닙니다. 오히려 새롭고 낯선 종교적 견해를 좋아하는 자들의 취향이 해로운 것입니다.

2. 러더퍼드는 견고한 사람이었습니다. 즉 그가 가르친 교리는 '예'가 됐다가 '아니오'가 되지 않았습니다. 시대적 변화도 저자가 고수한 원리를 바꾸지 못했습니다. 저자가 살던 시대는 험난했습니다. 영국과의 연합으로 모든 것이 급변하는, 모든 기반이 흔들리는 시대였습니다. 그 시대에는 자기 유익만 추구하는 사람들이 계교와 교활한 술책으로 올바르고 정직하게 의도한 것을 엉망으로 만들기 일쑤였습니다.[1]

---

1 러더퍼드가 살던 시대는 사상의 영역을 넘어 국가적인 대립이 끊이지 않는 격변장이었습니다. 예를 들어, 러더퍼드 자신은 장로회주의에 대한 확신이 강했기 때문에 감독교회를 세우려는 성공회주의자들과 대립할 수밖에 없었고, 이런 종교적인 갈등에 왕이 개입해서 국가적인 사태로까지 퍼지는 양상이었습니다. 1634년, 찰스 1세가 감독을 세워 감독 제도를 강요했고, 이에 반발한 러더퍼드는 반역자로 낙인찍혀 설교권을 박탈당했으며, 아르미니우스주의를 반대하고 이에 관한 주장을 책으로도 냈던 터라, 이 모든 것이 죄로 규정돼 중죄인의 신분이 되어 애버딘으로 유배까지 가게 되었습니다. 이 당시 스코틀랜드에서 가장 주목할 만한 사건으로 국가언약 사건이 있습니다. 그것은 존 낙스가 시작한 장로회주의를 나라에 확고히 세우고 감독주의를 무너뜨리려는 국가적인 시도였습니다. 이때가 1638년 2월 28일로, 이날은 러더퍼드가 유배 생활을 끝낸 날이기도 했습니다: 옮긴이 주.

3. 러더퍼드는 우리가 개혁하는 모든 부분 - 교리나 제자도, 예배, 정부 등 - 의 확고한 주창자였습니다. 그리스도의 모든 진리와 기관을 귀히 여겼습니다. 또한 부패에 맞서는 열렬한 증인이었습니다. 그래서 후대에 좋은 본보기가 되었습니다. 제가 바라는 것은 교회의 몇이라도 저자를 따르는 데 헌신하는 것입니다. 진리의 교리와 순전한 예배와 복음의 규정은 중요합니다. 이것을 선포하고 보존하는 것은 세상에서 할 수 있는 최고의 직무 중 하나일 것입니다.

4. 러더퍼드는 계속해서 우리의 언약 규정을 보존했습니다. 그는 결코 이 문제에 대해 변덕을 부리지 않았습니다. 태양이 버젓이 지켜보는 가운데 영국의 당쟁으로 이 언약이 깨지고, 우리의 조국을 침략하여 언약을 지키는 사람들에게 칼을 휘둘러 이 나라의 대지가 그들의 피로 물들 때도 그는 변덕을 부리지 않았습니다.[2]

---

2 러더퍼드는 스코틀랜드가 1643년에 웨스트민스터 총회에 파송하는 총대 중 한 명으로 활동했습니다. 스코틀랜드 대표단은 두 나라 사이에 종교적 언약을 맺기 원했고, 영국 대표단도 동의하여 문서로 만들었지만, 영국 내의 혼란한 내정으로 끝까지 순탄하게 유지되는 일은 쉽지 않았습니다: 옮긴이 주.

5. 러더퍼드는 신앙이 힘을 갖는 데 열심을 냈습니다. 그 시대에 그렇게 큰 활력으로 경건의 실천을 강조한 사람은 없었습니다. 그가 중요하지 않은 일에 치중하느라 진리의 유익과 경건과 거룩함과 기독교의 능력에 대한 관심이 줄었다고 말할 수 있는 사람은 아무도 없을 것입니다. 그렇습니다! 하나님의 명예와 영혼을 이롭게 하는 것이 그의 가장 큰 의도와 목적이었습니다.

6. 러더퍼드는 진정한 애국자였습니다. 조국에 관한 관심과 명예를 늘 생각했습니다. 그는 올바른 권리와 프로테스탄트 왕좌의 힘과 위대함을 역설했습니다. 또한 우리의 종교적 안전과 시민권이 주는 특권과의 조화를 주장했습니다. 그는 왕들이 법 위에 있지 않으며, 그들의 권력이 무제한으로 허락된 것이 아니라고 생각했습니다. 오히려 그 권력을 국민에게 올바로 사용해야 한다고 역설했습니다. 왕의 폐기할 수 없는 권리, 그들의 절대 권력, 국민의 무조건적 충성과 복종은 결코 하나님의 말씀으로 이해될 수도 없고 하나님의 말씀과 조화를 이루지도 못하는 것이었습니다. 이것은 스코틀랜드와 영국 군주제의 본질과 근본적인

구성이 다른 것과 같습니다. 그는 참으로 혁명 원칙을 고수했습니다. 그는 또한 인도적인 자의 친구이자 기독교 자유를 위하는 자였습니다. 이런 원칙을 고수했기 때문에 감독은 러더퍼드를 소환했습니다. 감독은 몇 주 동안 러더퍼드를 죽이려고 했습니다. 게다가 러더퍼드의 피로 러더퍼드의 저작들에 날인을 찍고 싶어 할 정도였습니다.

7. 러더퍼드는 솔직하고 고결한 사람이었습니다. 소박하고 경건한 성실함이 그가 남긴 발자취였습니다. 많은 반대자 역시 저자의 다른 여러 자질을 존경했습니다. 그가 소환되었을 때 반대자들 가운데 일부는 그와 연루되는 것을 꺼렸습니다. 그때 토리(Tory) 당원들은(로마 가톨릭교도였던 제임스 2세 왕의 지지자들) 공개적으로 이렇게 말했습니다. "러더퍼드 씨를 내버려 둬라. 그가 우리 모두에게 천국이 임하게 할 것이다." 그를 그렇게 알고 존중한 것과 자신들의 머리에 그의 피를 묻히기를 꺼렸다는 것은 이상한 일이 아니었습니다. 스코틀랜드의 감독 대부분이 이 천상의 사람을 많이 존경했습니다. 저는 그들 중 한 사람이 그의 고결한 성품에 대해 이렇게 말하는 것을 직접 들었습니다. "러더퍼드

는 내가 본 사람들 가운데 가장 진지하고 경건하고 엄숙하며 독실한 사람이다." 이런 그의 평판은 오래도록 지속되었고 많이 회자되었습니다. 그래서 그는 의견이 다른 많은 사람과 잘 지낼 수 있었습니다.

저자의 성경 지식이 탁월하고, 저자가 의의 말씀을 능숙하게 다루기 때문에 그의 글 쓰는 방식에는 천국의 풍미가 있습니다. 왜냐하면,

1. 복음적이기 때문입니다. 에라스뮈스가 루터에 대해 말한 것처럼 저도 그가 쓴 글에 이렇게 말하고 싶습니다. "러더퍼드의 글에는 사도다운 면이 있다."

2. 그의 글은 종종 짧고 간결하지만, 그 안에 많은 주제를 담아 말합니다.

3. 러더퍼드의 글은 명확하고 이해하기 쉽습니다. 특별

히 본서에서 그렇습니다. 그의 논쟁적인 글은 일반 독자에게 다소 모호한 면이 있습니다. 그러나 실천적인 주제를 다룰 때는 다릅니다. 그는 평소 겸손한 자세로 있지만 어느 한순간 진리를 단 한 문장으로 아주 선명하게 드러냅니다. 위대한 작가들이 그렇듯, 러더퍼드 역시 다른 작가가 몇 장에 걸쳐 설명한 진리를 한 문장으로 드러내곤 했습니다.

4. 러더퍼드의 문체는 마음을 기쁘게 하는 영적인 맛과 감동을 줍니다. 허세가 없고 경건하며 신실해서인지 모르겠습니다. 신성한 내용을 다루지만 주의를 끌고 마음에 감명을 주는 특별한 능력이 있습니다. 그의 저작에서 식별되는 이런 경건의 맛과 그런 특징들 때문에 저자는 매우 유명해졌습니다. 이것은 그가 은혜를 풍성하게 비축해 두었고 거룩한 분에게서 직접 기름 부으심을 크게 받았다는 분명한 증거입니다.

5. 러더퍼드의 스타일은 엄숙하고 진지합니다. 가볍거나 무익하지 않습니다. 그는 일부 사람이 환호하는 달변가들의 그릇된 말장난으로 영향을 미치지 않았습니다. 달변가

들의 특징은 과장으로 가득하고 대담하다는 데 있습니다. 그래서 자주 신성모독의 경계선까지 아슬아슬하게 이를 정도로 거칠고 위험한 말을 내뱉습니다. 그런 달변가들의 저작들은 진지한 사람이 볼 땐 불미스러운 것이고, 현명하고 신중한 사람들에게는 한심한 느낌을 줄 뿐입니다. 우리의 저자는 글의 스타일보다 다루는 문제에 더 집중하고, 진리를 엄숙하게 설명합니다. 저자가 진지하게 말한 내용은 말한 것이든 펜으로 쓴 것이든 무게 있는 모든 주제에 적합합니다.

본서의 강론에서 인상적인 것은 생생하고 영적인 방식으로 주 예수님을 높이는 것입니다. 그것이 바로 복음 전체의 영역인바, 복음의 위대한 목적은 잃어버린 세상에 구세주를 전하고, 그분의 이름을 크게 알리고, 구세주께서 좋은 치료제를 갖고 계신 것을 세상에 전하는 것입니다. 저는 그 가운데 몇 가지 내용에 주목했는데, 다음의 내용이 좀 더 특별합니다.

1. 여기서 그리스도의 위격의 유일성이 선포되었습니다. 이것은 수 세기 전에 교회가 고대 이단에 맞서 정당하게 정죄한 내용입니다.

2. 러더퍼드는 기도를 많이 촉구했습니다. 우리는 기도함으로 말로 표현할 수 없는 혜택을 누리게 됩니다. 올바로 기도할 때 풍성하고 영광스러운 유익을 받게 됩니다.

3. 믿음의 본질도 마찬가지로 매우 교훈적인 방식으로 설명했습니다. 믿음에 다양한 측면이 있어도 믿음은 결국 중보자이신 주님을 바라보는 것입니다. 러더퍼드는 믿음과 연관된 여러 질문을 성경과 조화를 이루는 방법으로 현명하게 대답하고 있습니다. 그 대답은 지금까지 모든 성도의 믿음과 또 체험과도 일치합니다. 우리의 저자는 새 빛의 주창자가 아닙니다. 특정 종파나 이단이 주장하는 새 빛도 아니고, 새로운 믿음의 개념도 아닙니다. 그가 확신을 갖고 만족하게 말하고 전한 믿음은 아벨만큼 오래된 옛 믿음입

니다.[3]

4. 러더퍼드는 가장 위대하시고 높으신 하나님께서 이루신 은혜 언약의 조건이 믿음이라고 했습니다. 믿음은 선택받은 죄인에게 그리스도의 의를 적용시키는 수단입니다. 이것은 가히 그리스도와 그분의 백성 간의 언약 조건으로 부를 만합니다. 믿음은 구원에 이르는 수단입니다. 그리스도의 의(義) 안에서 택하시고 부르신 자와 그리스도를 연합시키는 것은 믿음입니다.

5. 우리의 저자는 종파적 분열에 맞섰습니다. 저자는 구약성경과 신약성경에서 말하는 교훈과 약속과 실천을 온전히 확증하지 못해 종교적 분열이 일어났다고 말했습니다.

---

3 아주 오래전부터 사람들은 (교회의 신자일지라도) 내면에 자신을 인도하는 빛이 있다고 믿곤 했습니다. 그것은 하나의 큰 사상으로까지 발전했는데, 겉모양은 달라도 여러 종파가 이구동성으로 주장한 내용입니다. 가장 대표적으로는 퀘이커교도들과 가톨릭이 '성인(saint)'이라고 내세운 자들의 영적 수련법 - 사막의 교부들에서 토머스 머튼과 헨리 나우웬에 이르기까지 - 이고, 오늘날에 이르러서는 여전히 관심과 인기를 지속하고 있는 리처드 포스터나 릭 워렌이 제시하는 '관상기도'나 '호흡기도'로 그런 사상의 맥을 이어가고 있습니다. 그리스도인들은 자신을 인도해줄 빛이 내면이나 밖에서 필요 없습니다. 성경이 있기 때문입니다. 또한 하나님께 이르는 어떤 수단이 필요치 않습니다. 그리스도의 피의 공로를 힘입어 곧바로 하나님께 나아갈 수 있고, 앉은 자리에서 즉시 기도할 수 있기 때문입니다: 옮긴이 주.

우리 모두 경건을 실천합시다. 경건에는 많은 약속이 있습니다. 그 약속은 현재와 장차 맞이할 삶에 대한 약속입니다. 그 약속에는 큰 유익과 큰 상급이 있습니다. 신앙의 능력이 핵심입니다. 우리가 어떤 논쟁을 해도 이 점은 무시하지 맙시다. 사람들이 자신을 하나님을 위해 열심을 내는 매우 진지한 신자라고 주장해도 내버려 두십시오. 능력이 없으면 그들은 아무것도 아닙니다. 하나님께서는 사람의 언변이 아니라 능력에 주목하십니다. 하나님의 나라는 말에 있지 아니하고 오직 능력에 있습니다(고전 4:19-20). 하나님의 은혜가 최고의 안전이고, 믿음으로 사는 것이 가장 지혜로운 일이며, 하나님을 기쁘시게 하는 것이 참으로 진지한 것입니다.

행복한 사람은 그리스도의 이름을 굳게 잡고 모든 격변 속에서 어떤 일이 일어나도 인내하라는 그분의 말씀을 지키는 자입니다. 어둠 속에 있는 그에게 빛이 떠오를 것입니다. 그는 만족하겠고 기쁨과 평안을 누릴 것입니다. 그런 일은 모든 일시적인 특권을 크게 능가하는 것입니다. 모든 지각에 뛰어난 하나님의 평강이 그리스도 예수 안에서 그의 마음과 생각을 지키실 것입니다(빌 4:7). 이해를 초월한 그리스도의 사랑이 그의 마음에 부어질 것입니다(롬 5:5). 굽은 곁길로 간 자에게는 평안도 신뢰할 것도 없습니다. 우리가 그리스도 때문에 무엇을 잃는다면 그분은 백배로 보상해주실 것입니다. 그리스도께서는 이 세상에서만이 아니라 장차 맞이할 영원한 세상에서 그렇게 하신다고 약속하셨습니다(막 10:30; 눅 18:29-30 참고).

그리스도께는 하나님의 일곱 영이 계십니다. 그러므로 그분에게 붙어있으면 갑절의 은혜와 위로를 기대할 수 있습니다. 어둠이 이 땅을 뒤덮고 가릴지라도 주님의 영광이 그 사람 위에 떠오를 것입니다. 모든 유혹을 이기고 그리스도와 함께 하는 것은 영광스러운 일입니다. 풍성한 상급이 주어질 것입니다. 그리스도께서는 그런 자에게 천국을 약속하셨고 그분의 식탁에서 함께 먹고 마실 영예를 주신다고 하셨습니다(눅 22:29-30). 그리스도께서는 자신의 사람을 도우시려고 이 땅에 오셨기 때문에 유혹이 그를 넘어뜨리지 않게 하실 것입니다. 그리스도께서 진노하시는 날에 그리스도께서 친히 그만은 진노에서 벗어나게 하시고 간직해

두신 만나로 먹이실 것입니다. 또 그에게 흰 돌과 새 이름을 주실 것입니다. 그리스도께서는 마침내 그가 하나님의 성전의 기둥이 될 때까지 권고하시면서 인도하실 것입니다. 그는 그곳에서 더는 죽음을 보지 않게 될 것입니다.

독자 여러분, 하나님의 이스라엘인 여러분의 안녕을 바라는 자가 엄숙하게 드리는 기도가 있습니다. 그것은 여러분이 바로 그 성전에 들어가 거기서 영원히 사는 것입니다.

서론

"예수께서 거기에서 떠나가실 새 두 맹인이 따라오며 소리 질러 이르되 다윗의 자손이여 우리를 불쌍히 여기소서 하더니 예수께서 집에 들어가시매 맹인들이 그에게 나아오거늘 예수께서 이르시되 내가 능히 이 일 할 줄을 믿느냐 대답하되 주여 그러하오이다 하니 이에 예수께서 그들의 눈을 만지시며 이르시되 너희 믿음대로 되라 하시니 그 눈들이 밝아진지라 예수께서 엄히 경고하시되 삼가 아무에게도 알리지 말라 하셨으나 그들이 나가서 예수의 소문을 그 온 땅에 퍼뜨리니라"(마 9:27-31).

다른 복음서 기자는 이 기적을 언급하지 않았습니다. 이 내용은 그리스도께서 가다라 지방에서 돌아오실 때의 기록입니다. 거기서 주님께서는 두 명의 귀신들린 사람을 고치셨습니다. 그때는 주님께서 가버나움으로 돌아오셨을 때였습니다.

이 기사를 구성하고 있는 것은 다음과 같습니다.

1. 주님께서 떠나셨을 때의 상황과 시간

2. 기적의 대상 - 두 맹인

3. 두 맹인의 행동:
   예수님을 따라오며 기도함
   열렬히 기도함 (그들이 소리 질러 이름)
   이들의 중요한 기도 내용 (다윗의 자손이여)
   예수님을 집까지 따라가며 끈질기게 요청하고
   계속해서 기도함

4. 그리스도께서 두 맹인에게 요구하신 조건 - 그리스도의 전능하심을 믿는 것: "내가 능히 이 일 할 줄을 믿느냐."

5. 두 맹인이 믿음으로 한 고백: “주여 그러하오이다.”

6. 믿음 속에 있는 치유 - 행동, 말, 효과

7. 그리스도께서 두 맹인에게 비밀을 지키라고 명하심: “삼가 아무에게도 알리지 말라.”

8. 두 맹인의 불순종: “그들이 나가서 예수의 소문을 그 온 땅에 퍼뜨리니라.”[4]

---

4 안타깝게도 7장과 8장은 내용이 전해지지 않습니다: 옮긴이 주.

1

주님께서 떠나셨을 때의 상황과 시간

1장

주님께서 떠나셨을 때의 상황과 시간

주님께서 가버나움에 계실 때 마태의 집에 가신 것은 가볍게 식사하시고자 함이 아니라 세리와 죄인을 얻고자 가신 것이었습니다. 의사이신 그리스도께서는 병든 죄인과 함께 앉는 것을 좋아하셨습니다. 그것도 맥박이 감지될 정도로 가까이하셨습니다. 거기서 요한의 제자들과 바리새인들이 그리스도께서 죄인들과 식사하시는 것을 못마땅하게 여기고 금식하지 않으신 것을 문제 삼았습니다. 그들과 토론하시던 중 야이로가 자신의 딸 문제로 그분께 왔습니다. 그 딸에게 가시는 길목에서 주님께서는 열두 해 동안 혈루증으로 앓는 여인을 고치셨습니다. 고치시는 와중에 야이로의 딸이 죽었지만 그리스도께서 그녀를 살리셨습니다. 이제 막 고치시고 다시 집으로 가시려는 데 두 맹인이 주님과 만나게 되었습니다. 또 이날에 주님께서는 귀신 들려 말 못하는 사람에게서 귀신을 쫓아주셨습니다. 주님께서는 그렇게 이날 하루를 선행으로 보내셨습니다.

우리는 그리스도를 따르고 본받아야 합니다.

1. 그리스도께서는 선행을 베푸시고 세상을 구원하셨습니다. 길을 가시다가도 선행을 베푸셨습니다. 이렇게 하신 것은 마음 가는 데로 하신 것이 아니었습니다. 거룩하신 본성이 낳은 필연적인 결과였습니다. 이것은 태양이 자유롭게 움직이며 지상에 열과 생명의 기운을 발산하는 것이 아니라 그렇게 하는 것이 태양의 본성인 것과 같습니다. 구름은 주님이 짜시면 지상의 생명체가 양분을 먹고 자라도록 비를 내려야 합니다. 비를 내릴 수밖에 없는 것이 구름의 본성입니다. 그 결과, 풍성하고 기름진 초원은 향기로운 꽃과 감미로운 허브와 풀을 냅니다. 본성은 강력한 동인(動因)으로, 저지될 수 있는 것이 아닙니다. 이와 마찬가지입니다. 그리스도께서 자유롭고 의도적으로 선한 일을 하신 것

으로 생각할 수 있습니다. 하지만, 주님의 본성이 선하시고 은혜로우시기 때문에 선한 일을 하실 수밖에 없는 것입니다. 그분 안에 있는 은혜는 강물과 같습니다. 주님 안에 둑을 세운다 한들 이 은혜의 강물을 가둘 수 없습니다. 이 은혜는 빈궁한 죄인을 향해 쏟아져 나갈 수밖에 없습니다. 홍수가 나면 물살이 거세지고 불이 나면 열을 내는 것처럼 그리스도 안에 있는 은혜가 죄인의 유익을 위해 분출되는 것은 자연스러운 것입니다. 마음이 냉랭하고 죽어있는 죄인 여러분, 그리스도께 가까이 나아오십시오. 그분께서는 냉랭한 여러분의 마음을 따뜻하게 하실 것입니다. 다음의 세 가지 경우는 그리스도의 생명 샘이 계속해서 흘러나갈 수밖에 없다는 것을 입증해줍니다.

1) 그리스도께서는 바다나 산이나 장소에 아랑곳하지 않으시고 말씀을 가르치시고 기적을 행하셨습니다.

2) 산과 계곡, 집이나 들판에서도 그렇게 하셨습니다.
   가) 개인 사역은 제자들과 하셨고, 공적 사역은 회당에서 하셨습니다.

나) 도시를 다니시면서 복음을 전하실 기회는 모두 사용하셨습니다. 혼인 잔치에서는 물로 포도주를 만드시고(요 2:1-11 참고), 시몬과 참석하신 바리새인의 저녁 만찬에서는 "울며 눈물로 그 발을 적"신 여인에게 복음을 전하셨습니다(눅 7:36-49). 그리스도께서는 예루살렘에서 열리는 만찬에 모두 참석하셨습니다. 그곳은 거대한, 영혼의 어장이었습니다. 예수님께서는 거기서 자신의 그물을 힘껏 던지셨습니다.

다) 밤이건 낮이건 심지어 배에서 주무시는 와중에서도 그리스도께서는 매 순간 기적을 행하셨습니다(마 8:23-27). 그리스도께서는 자신을 보내신 성부 하나님의 영광에 늘 갈급해 하셨습니다. 그분께서는 숨을 거두시는 동안에도 죄인들을 위해 기도하셨습니다(눅 23:34).

또한 우리의 생은 짧고 영원은 끝이 없다는 것을 깨닫도록 합시다.

1) 장래를 위해 좋은 터(많은 선행)로 보물 창고 쌓는 것을 배

웁시다. 그러면 영생을 취할 수 있습니다(딤전 6:19).[5] 솔로몬은 이런 것을 생각하는 자에게 말하길, 가난한 많은 사람의 필요를 채워줄 수 있다면, 즉 "일곱에게나 여덟에게 나눠 준다면"(전 11:2), 가난한 자들도 곧 우리처럼 될 수 있다고 했습니다. "모든 물가에 씨를 뿌리고 소와 나귀를 그리로 모는 너희는 복이 있느니라"(사 32:20). 바로 이것이 복음서에 나오는 그리스도의 사역이었습니다. 그리스도께서는 많은 사람이 회심하는 데 선행할 기회를 활용하고, 또한 선행으로 자신이 부유해지는 것이 복이라고 가르치셨습니다.[6]

2) 천국을 위해 많은 선행을 쌓으려면 그리스도의 은혜와 사랑을 구해야 합니다. 은혜는 아이를 가진 어머니처럼 매일 매 순간 자녀를 낳습니다. 마치 본성으로 하듯 은혜의 사역을 열정적으로 합시다. 그러므로 성도는 이처럼

---

5 "이것이 장래에 자기를 위하여 좋은 터를 쌓아 참된 생명을 취하는 것이니라"(딤전 6:19): 옮긴이 주.

6 "자기를 위하여 재물을 쌓아 두고 하나님께 대하여 부요하지 못한 자가 이와 같으니라"(눅 12:21); "오직 너희를 위하여 보물을 하늘에 쌓아 두라 거기는 좀이나 동록이 해하지 못하며 도둑이 구멍을 뚫지도 못하고 도둑질도 못하느니라"(마 6:20): 옮긴이 주.

자신의 본성이 된 은혜의 영으로 선을 행하고, 하나님 안에 거하므로 주야로 주님의 율법을 묵상하기 때문에 그의 잎사귀는 마르지 않습니다(시 1:2-3). "내가 주의 의로운 규례들로 말미암아 밤중에 일어나 주께 감사하리이다 내가 날이 밝기 전에 부르짖으며 주의 말씀을 바랐사오며"(시 119:62, 147). 피가 식지 않는 한 은혜는 늘 약동할 것입니다. "내가 평생토록 여호와께 노래하며 내가 살아 있는 동안 내 하나님을 찬양하리로다"(시 104:33). 시편 146편 2절도 같은 내용을 담고 있습니다. "나의 생전에 여호와를 찬양하며 나의 평생에 내 하나님을 찬송하리로다." 팔십 사세의 과부인 안나는 성전을 떠나지 않고 "주야로 금식하며 기도함으로 섬"겼습니다(눅 2:37). 바울은 에베소에서 교회 장로들에게 "내가 삼 년이나 밤낮 쉬지 않고 눈물로 각 사람을 훈계하던 것을 기억하라"(행 20:31)라고 말했습니다.

3) 따라서 복음적 명령은 다음의 말씀입니다. "그러므로 내 사랑하는 형제들아 견실하며 흔들리지 말고 - 헬라어로는 '물 흐르듯이' 또는 '반석같이'- 항상 주의 일에 더욱 힘

쓰는 자들이 되라"(고전 15:58). "항상 기뻐하라 쉬지 말고 기도하라 범사에 감사하라"(살전 5:16-18). 바울이 얼마나 열정적으로 디모데에게 강조했는지 모릅니다. "너는 말씀을 전파하라 때를 얻든지 못 얻든지 항상 힘쓰라 - 또는 (헬라어로) 미루지 말라"(딤후 4:2). 이 세상에서 부유해지려는 것은 "선한 사업을 많이" 하기 위해서입니다(딤전 6:18). 아! 많은 사람이 천국은 원하면서 선행에는 너무 인색한 것이 안타깝습니다. 사랑의 가족(Familists)[7] 단체는 하나님을 거룩히 섬기며 기뻐하는 것을 "음란히 이방

---

7 신비주의 단체 이단. 1540년 헨리 니콜리스(Henry Nicholis, 흔히 노콜라스(Nocolas)로 불림)가 세운 단체로, Familists는 라틴어로 하나님의 가정(The Family of God)이라는 뜻이며, 통상 "사랑의 가정(Family of Love)"으로 불립니다. 이 단체는 외관상 재침례교단을 표방하지만 반 율법주의 신비주의 단체입니다. 하나님께서 직접 모든 것을 주관하시지 않고 우리의 본성이 주관한다고 강조하며, 유아세례와 삼위일체 교리를 부정합니다. 니콜리스를 주로 따른 자들은 지식층들이었습니다. 이 단체의 주요 강조점은 다음과 같습니다. "독재 정권이 아니라면 모든 정부 기관에 복종해야 하며, 창시자가 주장한 사랑과 도덕의 권면을 따라야 한다. 사도들의 서신은 믿을 수 없고, 모든 성경은 풍유적으로 해석해야 한다. 종교의 진수는 하나님의 사랑을 느끼는 것에 달려있다." 창시자의 영국 방문으로 영국에도 뿌리를 내리려 했지만, 1580년대에 박해를 받고, 유럽에서만 18세기까지 명맥을 이어나갔습니다. 그 후, 퀘이커교와 그리스도의 신성을 부인하는 유니테리안교회의 구성에 영향을 미쳤습니다. 러더퍼드는 이 단체의 교의에 반대해『사랑의 가족과 반율법주의 단체의 실상과 영적 적그리스도 개요』(A Survey of the spiritual antichrist, opening the secrets of familisme and antinomianisme: London, 1648)를 저술했습니다. 참고한 사이트는 다음과 같습니다. https://en.wikipedia.org/wiki/Familia_Caritatis, https://www.themystica.com/mystica/articles/f/familists.html, https://en.wikisource.org/wiki/A_Dictionary_of_All_Religions_and_Religious_Denominations/Familists: 옮긴이 주.

신들을 따르는" 것으로(신 31:16 참고) 가르칩니다!

2

기적의 대상 - 두 맹인

2장

기적의 대상 - 두 맹인

두 맹인이 그리스도를 따랐습니다. 앞이 안 보인다는 것은 괴로운 것입니다. 왜냐하면 발이 있어도 혼자 길을 걸을 수 없기 때문입니다. 그들은 우리뿐만 아니라 많은 피조물이 누리는 편안함을 박탈당했습니다. 그들의 삶은 동굴이나 지하 감옥에서 사는 것과 다를 바 없습니다.

그리스도를 찾아 영혼이 치유된 사람은 대개 신체적 질병을 앓았었습니다. 대부분의 사람이 자비를 입었고 믿음으로 구원받았습니다. 부자 청년이나[8] "먼저 가서 내 아버지를 장사"하도록 요청한 사람같이[9] 고통으로 괴로워해 본

8 마태복음 19장 16-22절 참고: 옮긴이 주.

9 마태복음 8장 21-22절 참고: 옮긴이 주.

적이 없고 (아마도) 재산이 부유한 사람은 영혼의 은혜를 구하지 않습니다. 마태와 삭개오도 행여 그들의 재산과 부유함이 그리스도께 나아가는 길을 차단하지 않도록 주님께서 그들을 회심시키셨다고 볼 수 있습니다.

이제 두 맹인의 서글픈 고통이 그리스도를 따라가게 했습니다. 그들은 그리스도께서 자신들 같은 사람을 많이 고치셨다고 들었습니다. 자연인과 그리스도 사이에 십자가가 있듯이 그리스도와 영광 사이에도 십자가가 있습니다. 사람은 고통을 통해 정화되는 과정에서 하나님을 찾게 됩니다. 탕자가 아버지의 집으로 돌아가게 된 것은 굶주림으로 허덕일 때였습니다.

가. 이런 사례를 통해 본성과 관계된 것을 엿볼 수 있습니다. 어떤 사람은 본성이 고통에 짓눌리면 하나님에 관한 생각이 약해지고 어두워지고 막연해집니다. 하지만 또 어떤 사람은 본성이 괴로울 때 하나님께서 도와주실 것으로 생각합니다.

나. 하나님께서는 사람들을 도우십니다. 여러분이라고

왜 안 도와주시겠습니까?

다. 절망의 늪에 자비의 손이 이른 것을 볼 수 있습니다. "여호와께서 그의 높은 성소에서 굽어보시며 – 먼저 자비로 굽어보십니다. – 갇힌 자의 탄식을 들으시며 죽이기로 정한 자를 해방하사"(시 102:19-20). "여호와께서 맹인들의 눈을 여시며"(시 146:8). "이는 고아가 주로 말미암아 긍휼을 얻음이니이다"(호 14:3).

고통을 통해 죄책감이 살아나고 자신의 잘못을 정직히 인정하게 됩니다. 더이상 죄를 변호하지 않습니다. 요셉의 형제들이 정신을 차리게 된 계기는 곤란한 상황에 빠져 고통스러울 때였습니다. "그들이 서로 말하되 우리가 아우의 일로 말미암아 범죄하였도다 그가 우리에게 애걸할 때에 그 마음의 괴로움을 보고도 듣지 아니하였으므로 이 괴로움이 우리에게 임하도다"(창 42:21). 므낫세가 왕위에 있을 때 므낫세를 결박한 쇠사슬은 그가 무죄한 자의 피를 흘린 것을 일깨워주었습니다.[10] 초상화를 볼 때 불현듯 어떤 사람이 떠오르는 것은 초상화의 인물과 떠오른 사람이 닮았기 때문일지 모릅니다. 이렇듯 고통과 죄는 마치 동족과 같고 서로 닮았습니다. 어둡고 불쾌한 십자가와 대면하게 되면 과거의 악한 죄가 기억납니다. 죽음은 죄의 초상화입니다. 악한 죄와 심판은 서로 하나의 색깔을 이루고 각각 불쾌한 용모를 갖고 있습니다.

곤경을 통해 정화될 때 비로소 바위로 된 피난처로 뛰어드는 법입니다. 많은 사람이 하나님을 떠나 길을 잃고 헤매다 고통을 통해 그리스도께 이르는 문을 발견했습니다.

하지만 다음과 같이 우리의 죄악이 고통을 오용할 때 질책을 받게 됩니다.

가. 우리는 영혼의 재앙보다 가시적인 곤경에 더 민감합니다. 바리새인들의 눈 먼 상태는 이 두 맹인이 단지 앞을 못 보는 것보다 더 심각했습니다. 왜냐하면 이 두 맹인은

10 "므낫세가 유다에게 범죄하게 하여 여호와께서 보시기에 악을 행한 것 외에도 또 무죄한 자의 피를 심히 많이 흘려 예루살렘 이 끝에서 저 끝까지 가득하게 하였더라"(왕하 21:16); "여호와께서 앗수르 왕의 군대 지휘관들이 와서 치게 하시매 그들이 므낫세를 사로잡고 쇠사슬로 결박하여 바벨론으로 끌고 간지라"(대하 33:11): 옮긴이 주.

단순히 앞만 보지 못했기 때문입니다. 반면에 바리새인들은 그리스도를 찾지 않았습니다. 우리는 영혼이나 그리스도의 생명보다 육신과 관계된 것에 더 민감합니다.

나. 고통만으로는 그리스도를 찾게 하지 못합니다. 왜냐하면 다양한 고통을 통해 회심하기도 하지만, 많은 경우, 고통을 겪으면서도 그리스도께 돌아오지 않기 때문입니다. 가장 매서운 시련이 회심으로 몰아넣을 수 있습니다. 하지만 우리가 알다시피 완고한 마음이라는 재앙은 - 이것이 가장 무거운 십자가인바 - 그리스도께 나아가지 못하게 합니다. 그렇습니다. 눈 먼 사람의 상태가 이렇습니다. 우리를 움직이는 것은 눈에 보이지 않는 것이 아닌, 우리의 눈이요, 지각입니다. 우리는 "영생하도록 있는 양식"(요 6:27)보다 몸의 욕구를 걱정함으로 - "썩을 양식을 위해" - 더 수고합니다. 그리스도께서도 유대인들에게 호소하셨습니다. "너희가 서로 영광을 취하고 유일하신 하나님께로부터 오는 영광은 구하지 아니하니 어찌 나를 믿을 수 있느냐"(요 5:44). 그 이유인즉슨, 우리는 감각적이고 육적인 것을 통해 더 많이 거래하기 때문입니다. 은혜의 영은 감각을 통해 거래하

지 않습니다. 믿음은 성도의 직무 대리인입니다. 믿음은 하늘의 상품을 구입하고 받은 계산서입니다. 모세는 "왕의 노함을 무서워하지 아니하"였습니다(히 11:27 참고). 왜냐하면 그가 믿음으로 거래했기 때문입니다 - 모세는 "보이지 아니하는 자를 보는 것같이 하여 참"았습니다.

제가 지금까지 확실히 증명한 것처럼 우리는 고통을 잘못 알고 있습니다. 그래서 고통이 제대로 우리 가운데서 효과를 내지 못하는 것입니다.

3

두 맹인의 행동

3장

두 맹인의 행동

이들이 보인 행동 중 네 가지를 살펴봅시다.

첫째. 따라오며 기도했습니다.

둘째. 열렬히 기도했습니다 - 이들은 소리 질렀습니다.

셋째. 이들의 중요한 기도 표현입니다 - "다윗의 자손이여."

넷째. 끈질긴 기도 요청과 끊임없는 기도입니다 - 주님을 집까지 따라왔습니다.

첫째. 따라오며 기도했습니다.

두 맹인은 소리 지르며 그리스도를 따라갔습니다. 이제

이 두 맹인의 행동을 살펴봅시다. 믿음이 터져 나오게 된 것과 다윗의 자손에게 기도한 것을 숙고해볼 때 "기도가 믿음을 낳는다."라고 말할 수 있습니다. "말할 때에도 나는 믿었도다"(시 116:10 참고). 믿음이 생겨도 침묵하면 그것은 참된 믿음이 아닙니다. "그러하여도 나는 주께 의지하고 … 내 하나님이시라"(시 31:14 참고). 그렇다면 믿음이 무엇을 낳습니까? 바로 기도입니다. 종종 믿음이 기도를 낳거나 기도로 믿음이 잉태되기도 합니다. "그러하여도 나는 말하기를 내 원수들의 손에서 나를 건져 주소서 주의 얼굴을 주의 종에게 비추시고"(시 31:14-16 참고). 그리고 "우리 조상들이 주께 의뢰하고 의뢰하였으므로 그들을 건지셨나이다"(시 22:4). 그리고 다음 같은 말씀을 의지하게 되는 것입니다 - "그들이 주께 부르짖어 구원을 얻고"(시 22:5). 이것을 보면 하나의 순환 고리처럼 계속해서 서로 낳는 것을 알 수 있습니다. 왜냐하면 기도가 믿음을 낳기 때문입니다 - 말 못 하게 귀신 들린 아이의 아버지가 "소리를 질러 이르되 내가 믿나이다 나의 믿음 없는 것을 도와주소서"(막 9:24).

제자들은 "주님께서 믿음을 크게 해 주시길" 기도했습니다. 물이 얼음이 되면 다시 얼음이 물이 됩니다. 또 물이 증발하여 구름이 되면 비가 내립니다. 비가 내리면 다시 증발하여 구름이 됩니다. 이와 같은 순환이 두 맹인에게도 있었습니다. 그들은 먼저 그리스도를 다윗의 자손으로 믿고 소리 지르며 간구했습니다. "다윗의 자손이여 우리를 불쌍히 여기소서." 그리고 그들의 간구가 다시 믿음을 낳게 되었고 그리스도께서는 두 맹인의 눈을 고쳐주셨습니다. 여기서 배울 수 있는 것은 기도와 믿음이 분리될 수 없다는 것입니다. 믿음 없는 기도는 생명 없이 숨소리만 들리는 것과 같습니다. 그것은 마치 세찬 바람과 같습니다. 바람 자체는 열기가 없지만 바람을 불어 넣을 때 불이 붙고 열이 납니다. 하지만 믿음의 기도는 살아 있는 사람의 숨과 같아서 열기와 생명을 불어넣습니다. 즉 숨이 붙어있는 한 몸은 생명 유지에 필요한 체온을 유지하는 것과 같습니다.

오, 얼마나 많은 이교도가 우리 주님께서 말씀하신 생명 없는 기도를 드리고 있습니까? 믿음 없는 기도는 이교도의 기도에 불과하며 굶주린 개가 짖어대는 것과 같습니다. 또한 믿음이 따르지 않는 기도는 말 못 하게 귀신 들린 것과 다를 게 없습니다.

믿음을 자기 나라 언어 어법에 맞게 표현한 것이 기도입니다. 두 맹인은 소리 질렀습니다. 한 사람이 다른 사람을 대신해 소리 지르지 않았습니다. 두 사람이 함께 소리 질렀습니다. 즉 둘이 함께 기도했습니다. 한 명이 "다윗의 자손이여."라고 소리 지르자 또 한 사람도 "다윗의 자손이여."라고 소리 질렀습니다. 솔로몬은 "하나보다 둘이 낫다."고 말했습니다.[11] 그것이 지금 이 두 맹인의 경우와 같습니다. 그리스도께서 말씀하셨습니다. "진실로 다시 너희에게 이르노니 너희 중의 두 사람이 땅에서 합심하여 무엇이든지 구하면 하늘에 계신 내 아버지께서 그들을 위하여 이루게 하시리라"(마 18:19). 엠마오로 가는 두 제자가 그리스도의 고난을 말하고 있을 때 그리스도께서 제삼자로 그들과 동행하셨습니다. 주님께서는 열 명, 오십 명, 백 명, 나아가 모든 나라 사람의 기도에 이르기까지 얼마나 많이 들으시는 분이십니까! 모든 사람이 다른 사람을 기도하도록 고무시켜야 합니다. 물이 모여 불어나면 냇물보다 거세집니다. 물에 빠진 사람을 구하려면 빠진 사람보다 더 강한 사람이 나서야 합니다. 석탄을 많이 모으면 더 강한 불을 낼 수 있습니다.

---

11 "두 사람이 한 사람보다 나음은 그들이 수고함으로 좋은 상을 얻을 것임이라"(전 4:9): 옮긴이 주.

마귀는 양 떼를 흩으려고 짖어대는 개와 같습니다. 성도의 모임을 흩으시는 것은 하나님께서 하시는 일이 아닙니다. 특별히 성도들이 한데 모여 기도하는 것을 거부하실 분이 아니십니다. 이것은 구약성경이나 신약성경에서 교훈을 통해 모두 보장된 내용이요 약속받은 실천사항[12]입니다.

기도의 연합은 얼마나 달콤합니까. "다른 이방 백성 열 명이 유다 사람 하나의 옷자락을 잡을 것이라 곧 잡고 말하기를 하나님이 너희와 함께하심을 들었나니"(슥 8:23). 이렇듯 사람이 자진해서 하나님의 참된 교회에 모일 것입니다. "그 때에 여호와를 경외하는 자들이 피차에 말하매 여호와께서 그것을 분명히 들으시고"(말 3:16). 그렇습니다. 우리는 그리스도께서 한 사람만이 아닌 전 세계의 중보자이심을 믿어야 합니다. 또한 그리스도께서 많은 나라에 그분의 피를 뿌리실 것입니다(사 52:15). "그 날에 이새의 뿌리에서 한 싹이 나서 만민의 기치로 설 것이요 열방이 그에게로 돌아오리니 그가 거한 곳이 영화로우리라"(사 11:10).

---

12 "진실로 다시 너희에게 이르노니 너희 중의 두 사람이 땅에서 합심하여 무엇이든지 구하면 하늘에 계신 내 아버지께서 그들을 위하여 이루게 하시리라"(마 18:19): 옮긴이 주.

둘째. 두 맹인의 열렬한 기도

두 맹인은 소리 지르며 그리스도를 따라갔습니다. 두 맹인의 부르짖음을 통해 이들의 통렬하고 격렬한 고통을 알 수 있습니다. 이것을 볼 때 하나님께 부르짖는 것을 네 가지로 나눠볼 수 있습니다.

1. 기도는 많지 않고 부르짖음만 많을 수 있습니다. 다윗의 적들이 괴로워 부르짖었습니다. 하지만 아무도 그들을 구하지 않았습니다(시 18:41). 심지어 그들이 "여호와께 부르짖어도 그들에게 대답하지 아니하셨"습니다. 어린 까마귀들은 기도하지 않고 울기만 해도 응답하시는데 말입니다(시 147:9 참고).[13] 미가는 압제자에게 "그 때에 그들이 여호와께 부르짖을지라도 응답하지 아니하시고 그들의 행위가 악했던 만큼 그들 앞에 얼굴을 가리시리라"(미 3:4)고 말씀했습니다. "그들이 내게 부르짖을지라도 내가 듣지 아니할 것인즉"(렘 11:11 참고). "그들이 금식할지라도 내가 그 부르짖음

---

13 "들짐승과 우는 까마귀 새끼에게 먹을 것을 주시는도다.": 옮긴이 주.

을 듣지 아니하겠고”(렘 14:12).

2. 부르짖지 않고 열렬히 기도할 수 있습니다. 한나의 경우가 그랬습니다. 그녀는 주님 앞에서 자신의 영혼을 쏟으며 기도했습니다(삼상 1:15). 이것은 심령으로 부르짖는 것입니다. “한나가 속으로 말하매 입술만 움직이고 음성은 들리지 아니하므로 엘리는 그가 취한 줄로 생각한지라”(13절).

부르짖지 않고 많이 기도할 수 있습니다. 어떤 사람의 기도는 말은 많지만 영과 생명이 없습니다. 또 어떤 사람은 말없이 영으로 기도합니다. 슬픔이 크지 않으면 입을 열 수 있지만 근심이 중하면 입을 다물고 침묵을 지키게 됩니다. 홍수가 거세지면 요란한 물소리는 잦아들고 둑까지 무겁게 내려갑니다. 오히려 얕은 개울이 요란한 잔물결을 내며 시끄럽게 내려갑니다. 바라는 것이 말 못 할 정도로 커지면 슬픈 탄식과 깊은 신음만 나오게 됩니다(롬 8:26-27 참고). 성령께서는 기도하는 사람 속에서 기도를 인도하실 때 종종 “탄식과 부르짖음”, “갈급”하심(시 42:1; 119:31)과 “갈망”에 휩싸이십니다(애 3:56). 영혼이 괴로우면 하나님께 기도할 때 전혀 말하지 못할 수 있습니다(시 77:3-4). “주께서 내가 눈을 붙이지 못하게 하시니 내가 괴로워 말할 수 없나이다"(4절).

교회의 구원받은 겸손한 남은 무리들이 자신들의 죄 때문에 슬퍼할 때 모두 "골짜기의 비둘기들"(겔 7:16)처럼 목소리가 낮고 약해집니다. 교회가 자신의 죄로 말미암아 괴로워할 때 목소리는 비둘기같이 낮고 약해지지만 심령은 크게 외치고 부르짖게 됩니다. "우리가 곰같이 부르짖으며 비둘기같이 슬피 울며 정의를 바라나 없고 우리의 허물이 주의 앞에 심히 많으며"(사 59:11-12).

3. 하나님을 바라보는 것에 목적을 두고 부르짖는다면 복된 것입니다. 정말 그렇습니다. 믿음으로 바라볼 때 곧 요란한 환호 속에서 하나님의 보좌가 있는 천국에 이르게 될 것입니다. 요나는 죽음의 뱃속에서 쉽게 부르짖지 못했습니다. 하지만 그는 "내가 스올의 뱃속에서 부르짖었더니 주께서 내 음성을 들으셨나이다"(욘 2:2)라고 말했고, "다시 주의 성전을 바라보겠다"라고 말했습니다(4절). 요나가 큰 물고기 뱃속에서 눈도 뜨지 못하고 성전이 있는 곳이 동쪽인지 서쪽인지 잘 알지도 못하는 상황에서 입을 열어 기도할 수 있던 것은 기적이었습니다. 그렇게 할 수 있었던 것

은 틀림없이 그가 하나님만 우러러봤기 때문입니다. "오직 나는 여호와를 우러러보며"(미 7:7). 이사야 8장 17절도 보십시오.

4. 올바로 부르짖으며 하나님을 바라볼 때 하나님을 체험하게 됩니다. "내가 환난 중에서 여호와께 아뢰며 나의 하나님께 부르짖었더니 그가 그의 성전에서 내 소리를 들으심이여"(시 18:6). 심령의 부르짖음은 하늘에 상달 되고 그 인상이 마음에 남아 결코 잊지 못할 심령의 표지가 됩니다. "내가 간구하는 날에 주께서 응답하시고 내 영혼에 힘을 주어 나를 강하게 하셨나이다"(시 138:3). "여호와 내 하나님이여 내가 주께 부르짖으매 나를 고치셨나이다"(시 30:2).

부르짖는 심령은 반대에 부딪히고 압박을 받을 때 더 강해집니다. 맹인 두 사람이 길가에 앉아 있다가 예수님께서 지나가신다는 것을 듣고 소리 질렀습니다. 그러자 무리가 꾸짖으며 잠잠하라고 말했습니다. 왜냐하면 무리는 조용히 가고 싶었기 때문입니다. 그런데 두 맹인이 "주여 우리를 불쌍히 여기소서 다윗의 자손이여"라고 더 크게 소리 질렀습니다(마 20:31). 확실히 은혜는 제압될 수 없습니다. 기도로 천국을 침노할 수 있지만, 지옥은 천국을 지배할 수 없습니다.

대개 열렬한 기도를 보면 이미 그렇게 하기로 결심했다는 것을 알 수 있습니다. "저녁과 아침과 정오에 내가 근심하여 탄식하리니 여호와께서 내 소리를 들으시리로다"(시 55:17). 새롭고 예기치 않은 일이 닥쳐 갑자기 부르짖는 것은 믿을 바가 못 됩니다.

들리지 않아도 열렬하고 부지런히 기도하면 올바른 인정을 받습니다. "내가 주야로 주 앞에서 부르짖었사오니"(시 88:1). 영혼을 압도할 정도로 괴로움이 극심하지 않더라도 하나님의 자녀라면 믿음으로 힘을 내 부르짖는 것이 좋습니다. "여호와여 내가 깊은 곳에서 주께 부르짖었나이다"(시 130:1). 다윗은 숨이 차갑고 살결이 무덤에 있는 자 같을 때 "여호와여 내가 주께 부르짖으오니 나의 반석이여 내게 귀를 막지 마소서 주께서 내게 잠잠하시면 내가 무덤에 내려가는 자와 같을까 하나이다"(시 28:1)라고 말했습니다. 고통은 영혼의 힘을 깨뜨립니다. 어떤 사람은 부르짖을 힘조차 없어 낙심한 채 다음과 같은 기도 몇 마디만 할 뿐입니다. "다윗의 자손이여 우리를 불쌍히 여기소서."

셋째. 두 맹인의 기도 제목

그리스도를 향해 두 맹인이 보인 행동에서 숙고해 볼 세 번째 사항은 그들의 기도 제목입니다. 그것을 통해 보게 되는 것은 다음의 두 가지입니다.

1. 두 맹인은 다윗의 자손이신 그리스도의 위격께 기도했습니다.
2. 호소 - "우리를 불쌍히 여기소서."

1. 두 맹인이 기도한 다윗의 자손이신 그리스도의 위격

이를 통해 그리스도께서 하나님이신 것과 두 맹인이 그리스도를 기도를 들으시는 하나님의 보좌의 위치에 두었다는 것을 숙고하십시오. 그들은 그리스도의 전능하심, 즉 그리스도께서 맹인의 눈을 뜨게 하실 수 있다고 믿었습니다. 이것은 오직 하나님께서만 하시는 일입니다(시 146:8 참고). 또한 그리스도께서는 사람이심을 숙고하십시오. 왜냐하면 그리스도께서는 다윗의 자손, 즉 언약을 통해 다윗의 혈통에서 나시기로 약속된 복되신 메시야이시기 때문입니다(삼

하 7:12 참고).

또한 그리스도 안에서 세워질 견고한 다윗 왕국을 숙고하십시오. “주께서 이르시되 나는 내가 택한 자와 언약을 맺으며 내 종 다윗에게 맹세하기를 내가 네 자손을 영원히 견고히 하며 네 왕위를 대대에 세우리라 하셨나이다 내가 나의 거룩함으로 한 번 맹세하였은즉 다윗에게 거짓말을 하지 아니할 것이라 그의 후손이 장구하고 그의 왕위는 해같이 내 앞에 항상 있으며”(시 89:3-4, 35-36). 베드로는 “다윗은 선지자로 하나님께서 그리스도께 맹세하사 그리스도를 육신으로는 다윗의 자손으로 나게 하시고, 그리스도를 일으키셔서 그분의 보좌에 앉히실 것을 아셨다.”(행 2:30-31 참고)라고 말했습니다. 즉 베드로는 그리스도의 부활을 말씀한 것입니다. 그리스도께서는 “다윗의 혈통에서 나셨”습니다(롬 1:3).

따라서 첫 번째로 그리스도의 위격과, 두 번째로는, 사람의 본성을 지니신 것, 즉 다윗의 자손에 대한 것을 살펴보겠습니다.

그리스도의 위격

그리스도의 위격을 살펴보겠습니다. 세상의 모든 사람은 고유한 선천적 인격을 지니고 태어나며 고유한 인격체로 살아갑니다. 하지만 인간의 본성을 취하신 하나님께서는 인간의 인격을 취하신 것이 아닙니다.[14] 주님께서는 자신의 위격을 일시 비우시고 우리의 인성을 취하신 것입니다. 하지만 그리스도께서 자신의 영원성마저 비우실 필요는 없으셨습니다. 우리는 하나님과 우리 사이의 중보자가 되시는 그리스도의 위격이 필요합니다. 우리에게는 버릴 것이 있으나 그리스도 안에는 버릴 게 아무것도 없습니다. 하나님의 아들께서는 우리를 위해 자신의 본성과 인성을 모두 선하게 사용하십니다. 그리스도의 피가 하나님의 피가 되고 이 피를 무한한 공로로 가득 채우실 수 있었던 것은 그리스도의 신성 때문이었습니다. 이로써 그리스도께서는 하나님을 만족시켜드렸고, 또한 신성으로 말미암아 측량할 수 없는 대가를 치르실 수 있으셨습니다.

---

14 헤르만 바빙크도 이와 같은 표현으로 그리스도의 위격을 설명한 바 있습니다. "그러므로 기독교 교회는 그 고백 중에 말하기를, 성자가 인간의 인격(human person)을 취한 것이 아니라 인간의 본성(human nature)을 취한 것이라고 한 것이다. 그렇게 해야만 두 본성과 한 인격이 유지될 수가 있는 것이다." 헤르만 바빙크 저, 『바빙크의 개혁교의학 개요』, 원광연 역(서울: 크리스찬다이제스트, 2013), 403: 옮긴이 주.

그리스도의 인성만으로는 무한한 진노를 감당할 수 없는 것입니다. 은혜 속에서 활동하고 고통을 이길 힘과 믿음과 위로는 신성에서 오는 것입니다. 신성에는 고통이나 시련이 전혀 없습니다.

다른 어떤 힘이 아닌 오직 하나님의 능력만이 마귀와 죄와 지옥과 죽음을 이깁니다. 우리는 이길 수 없습니다. 또한 하나님만큼 강한 존재라야 강한 손으로 원수들에게서 포로 된 우리를 구해낼 수 있습니다. 그 무엇으로도 죄와 죽음을 극복할 수 없고 죄를 짓게 만든 최초의 유혹자도 이길 수 없습니다. 죄를 짓고 힘을 상실한 사람이 자신보다 더 높은 존재가 되지 않는 이상 스스로 죄의 지배에서 빠져나올 수 없습니다. 또한 죽음의 지배 아래 있는 사람 중 누구도 죽음의 세력에서 벗어날 수 없습니다(롬 1:4; 히 2:14 참고). 왜냐하면 죄를 짓고 죽음 아래 놓인 모든 사람은 죄를 이길 힘을 상실했기 때문입니다.

우리에게는 우리의 구원을 위해 값을 지불하시고 우리를 소유하실 수 있는 그런 구세주가 꼭 필요합니다. 이 밖에 달리 무엇으로 그리스도께서 죄인들에게 "석방이다!"라고 말씀하실 수 있겠습니까! 그리스도께서 우리를 실제로 자유롭게 하지 못하신다면 그분께서는 아르미니우스주의자들이 만들어놓은 반쪽짜리 구세주이시고 절름발이 구속자이십니다. 그리스도께서 완전한 구세주시라면 하나님이심에 틀림없습니다. 첫째, 그리스도께서는 은혜의 소유자이시므로 은혜와 성령의 은사들을 주십니다. 둘째, 은혜와 영광의 왕국 열쇠를 모두 갖고 계신 그리스도께서 마귀에게 사로잡혔던 포로들을 영원한 영광 가운데 소유하실 것입니다. 만일 그리스도께서 자신의 위격과 우리의 본성을 모두 갖고 계신다면 우리가 생각할 때 두 위격, 두 분의 하나님의 아들, 두 구세주가 되셔야 하겠지만, 그게 아닙니다. 그리스도께서는 한 분이신 하나님의 아들, 유일하신 중보자, 한 분이신 구세주이십니다. 그리스도께서는 두 가지 중 하나만 소유하시거나 같은 것을 중복되게 소유하신 것이 아닙니다. 오직 유일하신 "나"만 존재하십니다. "나 곧 나는 여호와라 나 외에 구원자가 없느니라"(사 43:11). 또한 한 분이시라는 사실이 우리의 위안이 됩니다. 하나님이신 그리스도께서는 자신의 위격 안에서 인간의 본성을 취하시고 사람이 되셨습니다.

이제 하나님의 아들이자 하나님으로서의 위격과 사람의

인격적 본성이 같이 존재하게 된 것입니다. 하나님의 위격과 인간의 본성이 외형만이 아니라 실제로 연합하여 하나의 "나"로 된 것은 온 우주에서 가장 놀라운 일입니다. 오직 한 분이신 "나"만이 존재하십니다. 한 인격에 신성과 인성이 함께 존재하는 것입니다. 이것은 강력한 연합입니다. 이제 그리스도의 인성은 무한한 바다와 거대한 대양 같은 하나님의 위격의 품속에 존재하고, 그 안에서 사랑하고 알고 호흡하고 말하게 된 것입니다. 천국에서도 그리스도의 인성은 위격에 흡수되지 않고 인성과 위격 모두 완전하고 고유한 특성으로 존재하는 것입니다 - 우리 같은 사람이 되셨지만 죄는 없으신 완벽하신 사람이신 것입니다. 이는 마치 주님께서 가장 매끈한 삼나무의 뿌리와 본체에서 가시나무가 나게 하셔서 자라고 꽃 피우게 하시고, 삼나무의 뿌리와 본체 속에서 그 가시나무가 생명을 유지하고 존재하게 하신 것과 같습니다. 또는 세상의 네 모퉁이에 매끈하고 보기 좋은 잎을 뻗쳐야 할 달콤하고 향긋한 장미가 지상에 그림자를 드리우고 장미의 줄기와 뿌리에서 작고 초라하고 약한 백합이 나도록 하신 것과 같습니다. 그 백합은 생기 없고 자라지도 않지만 이 장미의 줄기와 뿌리 속에서 유지되는 것입니다. 이처럼 이제 변함도 없으시고 회전하는 그림자도 없으시고 시대가 바뀌어도 푸르고 매끈하고 보기 좋은 영광의 장미이신 하나님의 아들께서 때가 차매 우리의 본성을 취하시고, 그분의 뿌리에서 나온 이새 집안의 연한 순과 꽃과 백합으로 태어나셔서 다윗의 뿌리와 다윗의 자손 모두가 되신 것입니다. 그리스도의 인성은 하나님의 본성과 함께 같은 줄기에서 자라고 존재합니다.

천사들은 이것을 옛 하늘을 능가하는 새 하늘(벧전 1:12)로 생각하고 장막을 걷고 이 경이의 영광을 보고자 했습니다. 장차 천국에서 이 놀랍고 우아하고 탁월한 경이로움을 보고 이 방주의 재료를 만져보는 것은 얼마나 즐겁고 행복한 일이 되겠습니까! 그리고 주님께서 죄인의 본성을 영광스럽게 하시는 것도 얼마나 놀라운 일입니까! 세상의 어떤 피조물도 하나님과 교제하려고 그분께 가까이 나아갈 수 없습니다. 그렇습니다. 가장 높은 천사도 하나님께 가까이 가지 못합니다.

하지만 다음의 내용을 기억할 때 마음이 따뜻해질 것입니다. 현재 감춰진 우리의 생명이 나중에 드러날 때 우리는 마치 하나님의 품속에 있는 왕처럼 될 것입니다. 그래서 기쁨으로 살면서 주와 함께 다스리는 자가 될 것입니다. 기쁨으로 왕국을 순회하는 자가 될 것입니다. 또한 이방인이었던 우리가 나중에 왕이신 주님의 궁전에 입성할 때 우리가 그렇게 기뻐하던 주님의 품속으로 들어가는 것입니다. 또한 마치 어머니 품의 온기로 따뜻함을 누리는 아기처럼 우리의 영혼 역시 장차 현실로 다가올 사랑과 빛과 행복의 비전에 사로잡힐 때 마음이 따뜻해질 것입니다. 우리가 지금 믿음으로 그리스도와 함께 있어 행복하다면, 훗날 영광의 비전이 실현되어 그리스도 안에 있게 될 때 그 때는 지금보다 훨씬 더 높은 방식과 규모로 행복을 누리게 될 것입니다.

그리스도의 인성처럼 하나님의 본질이나 본성에 관한 내용은 결코 쉽지 않습니다. 성부 하나님과 성자 하나님과 성령님은 모두 동일한 한 본질이십니다. 이 외에 다른 본질은 없습니다. 성부 하나님이나 성령님께서 성육신하실 수 있었지만 오직 성자 하나님만 인간의 인성을 취하셨습니다. 그래도 성자께서 성육신하시는 일에 세 위격 모두 각각 맡으신 역할이 있으셨습니다. 결국 성자 하나님만 우리의 본성을 취하셨지만 말입니다.

그리스도의 인성

다윗의 자손은 인성에 대한 말입니다. "다윗의 자손"은 하나님의 겸손하심을 말 그대로 겸손하고 사랑스럽게 표현한 말입니다. 다윗은 죄인이요, 간음죄를 짓고 우리아를 배신하고 죽였습니다. 다윗은 죄 중에서 잉태된 사람입니다(시 51:5 참고). 그리고 라합은 기생이자 이방인이었습니다. 하지만 하나님의 아들께서는 인간적 결합을 통해 자신의 거룩하고 흠 없는 본성을 죄인의 본성과 결합시키셨습니다.

여러분은 하나님께 그렇게 가까이 나아가실 수 있으셨던 분보다 더 높아질 수 있는 사람을 볼 수 없을 것입니다. 또한 죄인의 허리에서 태어나사 진흙 덩어리를 취하신 하나님보다 더 낮아질 수 없을 것입니다. 그리스도께서는 하나님과 인간의 양극단을 오가는 친구가 되셔서 가장 합당한 중보자가 되셨습니다. 그리스도께서는 친히 공동의 경계석(境界石)과 회합의 장소가 되셨습니다. 그래서 그분의 위격을 통해 하나님과 인간의 두 진영이 조약을 맺을 수 있는 적합한 자리가 되셨습니다.

하지만 그리스도께서 사람이 되셔야 했던 중대하고 비중 있는 이유가 있습니다. 그리스도께서는 다윗 왕국의 왕좌에 앉으시는 왕이 되셔야 했기 때문입니다. 이방인은 다스릴 수 없었습니다. "주께서 백성 중에서 택함 받은 자를 높였으되"(시 89:19). "그 영도자는 그들 중에서 나올 것이요 그 통치자도 그들 중에서 나오리라"(렘 30:21). 이것은 우리 땅 스코틀랜드에서 왕관을 쓸 재목도 안 되고 그럴 권한도 없고, 또한 귀족 가문도 아니고 왕의 혈통이 아닌 자가 우리의 왕이 될 수 없는 것과 같습니다. 이와 마찬가지로 약탈자가 구속받은 무리의 왕이 되는 것은 합당하지 않습니다.

그리스도께서는 왕관을 쓰실 하나님의 권리와 인간의 권리 모두를 갖고 계셨습니다. 또한 그 누구도 아닌 유다 지파에서 난 자라야 왕관을 쓸 수 있었습니다. 그런데 이 다윗의 자손이신 그리스도께서 바로 왕의 혈통에서 나신 것입니다. 인간 세상에서는 죄악으로 말미암아 종종 잘못된 혈통에 왕관을 수여하는 일이 발생하지만 그리스도께서는 처음부터 왕관을 쓰고 태어난 분이십니다. "주 여호와께서 이같이 말씀하셨느니라 관을 제거하며 왕관을 벗길지라 그대로 두지 못하리니 낮은 자를 높이고 높은 자를 낮출 것이니라 내가 엎드러뜨리고 엎드러뜨리고 엎드러뜨리려니와 이것도 다시 있지 못하리라 마땅히 얻을 자가 이르면 그에게 주리라”(겔 21:26-27).

낯설고 이상한 자들의 손으로 왕관을 전달받는 것은 한 나라의 비극입니다. 메시야께서 다시 오실 때 그 머리에 합당한 왕관을 쓰시고 오실 것입니다. 그리스도의 법이 나를 다스리신다는 것은 특별한 위안입니다. 나는 그분의 것이며, 그분께서는 자신의 것을 부수지 않으시기 때문입니다. 그리스도께서는 귀신들과 불신자들의 왕이 되실 법령도, 권한도 없으십니다. 그리스도와 상관없는 자들에게 화 있을진저! 그리스도의 법에는 그런 자들을 다스릴 왕관과 홀이 준비되어 있지 않습니다. 오히려 그리스도께서는 그런 자들을 산산조각내시기 위한 철 막대기가 되시려고 출생하셨습니다.

그리스도께서는 택하신 자들에게 그들의 언어로 말씀해 주시는 선지자가 되셔야 했습니다. “내가 그들의 형제 중에서 너와 같은 선지자 하나를 그들을 위하여 일으키고 내 말을 그 입에 두리니 내가 그에게 명령하는 것을 그가 무리에게 다 말하리라”(신 18:18). 하나님께서 그리스도의 말씀을 모세, 사무엘, 다윗, 이사야, 심지어 목자 아모스의 입에도 두신 것이 아닙니까? 그렇습니다. 그 말씀은 마음을 변화시키는 데 적합하고, 그리스도의 양 떼가 된 영혼들에 하신 말씀으로써, 오직 그리스도의 양 떼만이 그분의 입의 말씀을 알아듣고 따를 수 있습니다. 그리스도께서 한 영혼의 입에 말씀을 넣어주시기까지 그가 들은 선지자나 사도의 말씀은 그 마음에 영문을 모를 말이고 상식 밖의 말일 뿐입니다. 사랑을 입은 자의 마음은 수많은 사람의 와중에서도 자기 남편의 목소리를 분간하는 법입니다. "내 사랑하는 자의 목소리로구나"(아 2:8).

하나님께서는 아론의 후손이 이스라엘의 대제사장이 되도록 지정하셨습니다. 그리스도께서는 이스라엘의 대제사장이 되셔야 했습니다. 만일 천사가 우리의 대제사장이 되었다면 그는 우리 인간의 마음 때문에 탄식하거나 기도하지 못했을 것이고, 우리 인간의 손을 하늘에까지 올려주지도 못했을 것입니다. 또한 우리를 위해 울거나 눈물도 흘리지 못하고, 무엇보다 자비로운 대제사장이 되지 못했을 것입니다. 주님은 자비로우시고 은혜로우신 주님이십니다. 하지만 대제사장은 우리를 위한 희생제물과 기도를 드리실 수 있도록 인간의 마음과 인간의 모든 정서, 즉 괴로움, 슬픔, 동정, 사랑, 두려움, 욕구, 기쁨을 지닌 분이셔야 했습니다

다(히 2:17 참고). 그래야 인간의 자비와 감정, 인간의 심연에서 나오는 모든 것과 더불어 희생제물과 기도를 올려드릴 수 있기 때문입니다. "우리에게 있는 대제사장은 우리의 연약함을 동정하지 못하실 이가 아니요 모든 일에 우리와 똑같이 시험을 받으신 이로되 죄는 없으시니라"(히 4:15). 만일 천국에 인간의 마음이 없다면, 즉 천국에 계신 구세주께서 인간의 몸을 입지 않으셨고 감정도 없으시고 유혹도 받으신 분이 아니었다면 그분께서는 대제사장으로 적합하지 않으셨을 것입니다.

그리스도께서는 우리의 본성을 입으시되 죄 없는 감정을 지니셨습니다. 이제 천국에 우리와 같은 피가 흐르는 우리의 혈족이 계시게 된 것입니다. 그래서 사도는 우리가 하나님을 편하게 생각하고 하나님과 가까워질 수 있다고 언급했습니다. "그러므로 우리는 긍휼하심을 받고 때를 따라 돕는 은혜를 얻기 위하여 은혜의 보좌 앞에 담대히 나아갈 것이니라"(히 4:16). 나는 자비를 입을 자격이 없습니다. 하나님께 가까이 나아가기엔 불신앙 때문에 부끄럽고, 죄 때문에 고개도 들지 못하고, 공포와 두려움으로 가득한 죄인일 뿐입니다. 그렇기 때문에 은혜의 보좌 앞에 담대히 나아가지 못합니다. 왜 그렇습니까? 나는 죄인이고 무가치하기 때문입니다.

지금까지 살펴본 본문에는 하나님에게서 우리를 갈라놓는 공포를 버릴 수 있는 두 가지 요점이 있습니다.

가. 가장 먼저 알아야 할 것은 왕이신 그리스도께서 우리의 형제가 되셨으므로 두려워하지 말라는 것입니다. 왜 그렇습니까? 여러분과 마찬가지로 그리스도께서도 한 근원에서 나셨기 때문입니다.[15] 그러므로 담대히 확신을 갖고 그리스도께 나아가십시오. 그리스도의 피로 우리는 하나가 되었기 때문에 담대히 나아가는 것은 자연스러운 것입니다.

1) 왜냐하면, 여러분의 형제가 되신 주님께서 왕이시라면 비록 여러분이 낮고 가난하고 본성보다 교만이 강하고 평소에 왕이신 형제를 잘 내세우지 못했을지라도 변함없이 여러분의 형제는 현재 왕이시기 때문입니다. 또한 주

15 "거룩하게 하시는 이와 거룩하게 함을 입은 자들이 다 한 근원에서 난지라 그러므로 형제라 부르시기를 부끄러워하지 아니하시고"(히 2:11): 옮긴이 주.

님의 명예를 생각하면 죄인의 태도와 마음이 바뀌게 됩니다. 이제 완전한 사람이 되신 그리스도께서는 본성이신 사랑으로 자신의 의무를 수행하시는 데 부족함이 없으십니다. 하나님의 통치권으로도 그리스도의 방식과 본성을 바꿀 수 없습니다. 그분의 마음을 자신의 불쌍한 친구들에게서 돌리시게 할 수도 없습니다. 그리스도의 사랑은 무섭거나 거만한 것으로 바뀔 수 없습니다(요 20:17; 마 28:10; 행 9:4; 계 1:17; 19:7 참고).

2) 그리스도께서는 여러분이 담대하게 믿음으로 그리스도를 형제와 친구로 선포하는 것을 기뻐하십니다. 사도가 히브리서 2장 11절에서 "거룩하게 하시는 이와 거룩하게 함을 입은 자들이 다 한 근원에서 난지라 그러므로 형제라 부르시기를 부끄러워하지 아니하시고"라고 말씀했을 때 이 말씀은 그리스도께서 성별(聖別)된 자들을 부끄러워하지 않으셨다는 비유적 표현입니다. 즉 그리스도께서는 그들을 형제로 부르는 것을 영예로 생각하셨다는 뜻입니다. 왕이신 그리스도께서는 자신의 형제가 가난하고 지위가 낮다고 해서 마음을 돌리지 않으십니다.

나. 그다음으로 알아야 할 요점이 있습니다. 나는 비열한 죄인이기 때문에 은혜의 보좌 앞으로 나아갈 수 없습니다. 절대로 담대하게 나아갈 수 없습니다. 그러나 우리는 이제 담대하게 나아갈 수 있습니다. 왜 그렇습니까? 본문은 주님께서 사람이시자 대제사장이라고 말씀하고 있기 때문입니다. 사람이신 그리스도께서 우리의 형제가 되셨습니다. 게다가 우리는 그리스도께서 자신의 피로 세우신 권리를 소유하게 되었습니다. 그래서 자비와 은혜의 자리로 나아갈 수 있게 된 것입니다. 이것은 단순히 형제 되신 그리스도의 자비와 은혜 때문만이 아닙니다. 이뿐만 아니라 우리의 형제 되신 그리스도께서 대제사장이 되셨기 때문입니다. 그리스도께서 대제사장이 되신 이상, 은혜도 새롭게 되었습니다. 즉 그리스도 안에 있던 자비와 은혜가 밖으로 드러나고 서로 결합되었습니다. 더 이상 개인적이거나 그리스도만을 위하지 않고 우리를 위한 은혜가 되었습니다. 그러므로 은혜가 우리의 장자권이 된 것입니다. 이제 우리는 이 장자권을 팔지 않을 것입니다. 은혜 언약을 통해 교회에서 난 자들은 이제 그리스도와 친족인 것입니다.

하나님의 공의는 아담의 본성을 지닌 자가 자신의 빚을

갚고 그가 파산시킨 하나님의 재산을 보상해 달라고 요구합니다. 첫 사람 아담은 세상에 구멍을 내고 죄가 들어오게 했습니다. 이제 새로운 왕이 된 죄가 들어와 세상을 지배하게 되었습니다(롬 5:17 참고). 모든 것에서 똑같으시고 죄만 없으신 두 번째 아담께서 그 구멍을 메우셨습니다. 하나님께서는 이 두 번째 아담을 왕으로 세우시고 오늘날까지 지배하게 하셨습니다. "이는 죄가 사망 안에서 왕 노릇한 것 같이 은혜도 또한 의로 말미암아 왕 노릇 하여 우리 주 예수 그리스도로 말미암아 영생에 이르게 하려 함이라"(롬 5:21). 이제 그리스도께서는 담보 잡힌 형제를 구원하심으로 그의 가장 가까운 형제이자 친족이 되셨습니다. 또 이 사람에게 그리스도께서는 법이 되셨습니다. 그리스도의 피로 말미암아 빚진 형제에게 재산을 상속해주시고 구원해주신 것은 가장 큰 호의입니다. 왜냐하면 이제 그 사람은 그리스도 나라의 상속자로 다시 태어났기 때문입니다.

아담과 그의 후손이 죄를 짓지 않았다면 낙원의 상속자가 되었을 것입니다. 죄로 그 낙원을 상실하고 낙원은 본 소유주에게 돌아갔습니다. 이제 사람의 혈통에서 태어나신 상속자요 피를 통해 우리와 가장 가까워지신 분이 계십니다. 사람이신 그리스도, 본성으로는 하나님의 아들이시자 사람의 아들이신 분, 즉 하나님이시자 사람이신 분이십니다. 최고의 낙원은 바로 임마누엘의 사랑의 나라입니다. 우리의 친족이 되신 분께서 우리를 대신해서 큰 값을 치르시고 우리를 구속해주심으로써 이 낙원을 다시 우리에게 돌려주셨습니다. "그가 모든 사람을 위하여 자기를 대속물로 주셨으니 기약이 이르러 주신 증거니라"(딤전 2:6). 그 형제되신 분께서 그 낙원을 다시 회복시키신 것입니다.

실제적 적용

가. 오, 신자 여러분, 여러분은 이제 그리스도의 피의 권리로 말미암아 천국의 소유자입니다. 우리의 친구 되신 분께서 공식적인 전체 상속자이십니다. 모든 값을 지불하신 그분께 영광을 돌리십시오. 그리스도께서는 하나님께 자신의 몸을 향기로운 제물로 드리셨습니다(엡 5:2 참고). 그리스도께서 말씀하십니다. "어서 오라, 친구들이여. 너희는 이제 더 이상 외인(外人)이 아니요 한 가족이며 사랑스러운 천국의 시민이다. 천국은 이제 내 명의로만 되어 있지 않다." 사람의 아들께서 새 낙원의 새 주인이십니다. 그분은 우리

의 몸을 입고 천국을 사셨습니다. 그리고 그분 안에서 천국은 이제 우리의 자유 보유권이 되었습니다. 그리스도께서는 죄인의 마그나 카르타(Magna Carta)[16]가 되시고, 또한 죄인의 새로운 특권이 되시고, 그분의 몸은 새 국새가 되셨고, 그분의 복음은 새 헌장이 되었습니다.

나. "거룩하게 하시는 이와 거룩하게 함을 입은 자들이 다 한 근원에서 난지라"(히 2:11). 은혜와 새 생명은 두 번째 아담에서 나옵니다. 이것들은 새로운 출생과 새 본성으로 말미암아 우리의 것이 되었습니다. 어서 와서 그리스도의 한 식솔이 되십시오. 그분과 연합하십시오. 은혜와 새 생명은 그리스도와 우리가 연합함으로써 우리에게 주어지는 것들입니다. 피로 말미암아 우리의 친구 되신 분께서 우리 안에 들어오셔서 우리가 불멸의 상속자가 되게 하십니다. 그리스도께서는 여러분의 아버지가 아모리 족속이 아니었냐

---

16 마그나 카르타는 1215년 존 왕이 승인한 것으로, 영국인의 개인적, 정치적 자유를 위한 대헌장입니다. 이 헌장으로 개인이 억압받고 부당한 대우를 받지 못하는 계기가 되었습니다. 마그나 카르타는 이후로 어떤 중요한 입법 문서를 상징적으로 일컫는 말이 되었습니다: 옮긴이 주.

고 묻지 않으십니다.[17] 그러므로 우리는 이제 새로운 양 떼가 되었고, 다윗의 가문에 합류하게 되었습니다. 또한 혈육이나 사람의 뜻이 아닌 왕의 피로 거듭났습니다(요 1:13 참고).

2. 호소 - "우리를 불쌍히 여기소서."

"우리를 불쌍히 여기소서." 그들은 "주님, 보게 해 주십시오."라고 말하지 않고 "우리를 불쌍히 여기소서."라고 말했습니다. 가나안 여자가 자신의 귀신들린 딸을 위해 기도할 때도(마 15:22 참고), 그녀는 오직 다음 같은 호소만 할 뿐이었습니다. "주 다윗의 자손이여 나를 불쌍히 여기소서." 다윗이 허약해진 몸으로 쓰라린 고통 가운데 드린 기도는 "여호와여 내가 고통 중에 있사오니 내게 은혜를 베푸소서 내 몸이 쇠하였나이다."(시 31:9)였습니다.

이 자비라는 표현을 통해 좋은 교훈을 배우게 됩니다.

---

17 아모리 족속은 이스라엘을 대적했던 여러 족속 가운데 하나로, 여기서는 신자가 예수님을 믿기 전에 예수님의 대적이었던 것을 상징적으로 표현한 것입니다: 옮긴이 주.

가. 첫째, 전체 사물을 그냥 보는 것과 자비의 눈으로 보는 것은 별개입니다. 보통의 피조물과 하나님의 자비를 입은 피조물이 다르듯이 말입니다. 우리는 종종 하나님께 칼집만 구합니다. 즉 복의 외관만 구하는 것입니다. 이는 반쪽짜리 복입니다. 하나님의 자비야말로 안쪽까지 미치는 복으로써, 자비를 구하는 영혼이 복됩니다.

다윗은 자신의 왕위를 세우는 데 복을 빌었지만 다음과 같이 말했습니다. "왕이 여호와를 의지하오니 지존하신 이의 자비하심으로[18] 흔들리지 아니하리이다"(시 21:7).

시편 57편은 다윗이 사울을 피하여 굴에 있던 때 지은 것으로, 그는 자신의 생명을 부지하기 위해 사울 왕의 자비를 구했습니다. 하지만 그는 더 높으신 분을 바랐습니다. "하나님이여 내게 자비[19]를 베푸소서 내게 자비를 베푸소서"(1절 참고). 다윗의 영혼은 사자 무리 가운데 있었던 것입니다. 그는 믿음으로 구원될 줄로 믿었습니다. 하지만 어떻게 믿었습니까? 하나님께서 구원하시기 위해 사자를 보내셨습니

18 개역개정 성경에는 "인자함으로" 표현되었습니다: 옮긴이 주.

19 개역개정 성경에는 "은혜"로 표현되었습니다: 옮긴이 주.

다. 그래서 다윗은 "하나님이 그의 자비[20]와 진리를 보내시리로다"(3절)라고 말할 수 있었습니다.

엘리사벳은 불임으로 자식이 없었습니다. 주님께서 그녀를 어떻게 고치셨습니까? 바로 하나님의 자비로 그녀는 아들을 갖게 되었습니다. 그 사실을 성령님을 통해 다음과 같이 고백했습니다. "이웃과 친족이 주께서 그를 크게 자비롭게 대하심[21]을 듣고 함께 즐거워하더라"(눅 1:58).

롯이 소돔에서 빠져나올 때 다음과 같이 말했습니다. "주의 종이 주께 은혜를 입었고 주께서 큰 자비[22]를 내게 베푸사 내 생명을 구원하시오나"(창 19:19).

나. 자비는 단순히 보는 것 이상입니다. 우리가 자비를 입어 듣고 볼 수 있는 것은 행복한 일입니다. 그래서 하나님께서 다윗의 자식이 죄를 지었을 때 그를 교정하시려고 사람 막대기로 그를 벌하실 때에도 "그러나"라는 은혜가 있었습니다. "그러나 나의 인자함을 그에게서 다 거두지는 아

20 개역개정 성경에는 "인자"로 표현되었습니다: 옮긴이 주.

21 개역개정 성경에는 "긍휼히 여기심"으로 표현되었습니다: 옮긴이 주.

22 개역개정 성경에는 "인자"로 표현되었습니다: 옮긴이 주.

니하며 나의 성실함도 폐하지 아니하며"(시 89:33). 다음의 말씀에도 "그러나"라는 은혜가 있습니다. "나는 그에게 아버지가 되고 그는 내게 아들이 되리니 그가 만일 죄를 범하면 내가 사람의 매와 인생의 채찍으로 징계하려니와[23] 내가 네 앞에서 물러나게 한 사울에게서 내 은총을 빼앗은 것처럼 그에게서 빼앗지는 아니하리라"(삼하 7:14-15).

목이 마른 자에게 물가로 데려가겠다는 제안보다 더 좋은 것은 없습니다. 그것은 다음의 말씀 같은 것입니다. "내가 너희를 위하여 영원한 언약을 맺으리니 곧 다윗에게 허락한 확실한 자비[24]이니라"(사 55:3). 주님께서 선지자를 통해 다음과 같이 말씀하신 것처럼 완고한 백성에게 내리신 비극적인 재앙도 없습니다. "여호와께서 이와 같이 말씀하시되 초상집에 들어가지 말라 가서 통곡하지 말며 그들을 위하여 애곡하지 말라 내가 이 백성에게서 나의 평강을 빼앗으며 인자와 사랑을 제함이라 여호와의 말씀이니라"(렘 16:5).

23 원문에는 "채찍으로 징계하겠다. 그러나 내가 네 앞에서......": 옮긴이 주.

24 개역개정 성경에는 "은혜"로 표현되었습니다: 옮긴이 주.

다. 기도할 수 있다는 것이 은혜입니다. 기도는 은혜를 일으키고 은혜를 품는 것이기 때문입니다. 하나님께서 우리의 기도를 들으시는 것은 자비 외에 다른 호소나 동기 때문이 아닙니다. 설령 천국이나 면류관이나 자비로운 특권으로 천국의 면류관을 쓰는 것이나 그리스도 안에 있는 하나님의 사랑의 본체에 대해 알지 못할지라도 저에게 가장 달콤한 것은 이것입니다. 즉 그리스도께서 "우리 하나님의 긍휼로 인"하여 "주의 백성에게 그 죄 사함으로 말미암는 구원을 알게 하"시려고 태어나셨다는 것입니다(눅 1:77-78 참고). 다윗은 괴로움 가운데 "내게 자비[25]를 베푸사 나의 기도를 들으소서"(시 4:1 참고)라고 기도했습니다. 자비는 적(죄)을 물리칩니다. 다윗은 "하나님이여 내게 자비[26]를 베푸시며"(시 51:1 참고)라고 기도했습니다. 다윗은 죄 용서를 구했습니다. 그러므로 죄 사함과 천국, 이 모든 것의 영광은 오직 자비라는 말 속에 다 들어있습니다. 오, 천국에 거주하는 모든 자는 자비를 입은 자들입니다. 지옥에 있는 죄인보다 나은 것은 자비를 입은 것밖에 없습니다. 교회가 소멸하

25 개역개정 성경에는 "은혜"로 표현되었습니다: 옮긴이 주.

26 개역개정 성경에는 "은혜"로 표현되었습니다: 옮긴이 주.

지 않은 것도 자비 때문입니다. “여호와의 인자와 긍휼이 무궁하시므로 우리가 진멸되지 아니함이니이다”(애 3:22). “내 백성 아닌 자를 내 백성이라”고 하신 것도 자비 때문이었습니다(롬 9:25-26). 그러므로 두 눈으로 볼 수 있는 것은 특혜가 아닌 자비라는 것을 두 맹인의 호소를 통해 우리에게 확증하고 있습니다.

라. 우리가 누리는 하나님의 호의를 아는 일에 얼마나 주의를 기울여야 하는지 모릅니다. 성도의 가정에 임한 복은 자비에서 비롯된 것입니다. “여호와께서 말씀하시니라 보라 내가 야곱 장막의 포로들을 돌아오게 할 것이고 그 거처들에 사랑을 베풀 것이라 성읍은 그 폐허가 된 언덕 위에 건축될 것이요”(렘 30:18). “아니, 뭐라고요? 집이나 돌이나 목재나 모두 자비로 인한 것이라고요?” 그렇습니다. 주님께서 사람뿐만 아니라 모든 것에 자비를 뿌리시고 자비로 채우신 것입니다. 그리고 주님께서는 악인이 자신의 자식에게 베푸는 자비는 미워하십니다. 오, 주님께서 악인에게 예언하신 것은 비극입니다. “내가 그의 자녀를 긍휼히 여기지 아니하리니”(호 2:4). 그리고 이사야 9장 17절을 보십시오.

"그러므로" - 왜냐하면 지도자와 백성의 행실이 올바르지 않았기 때문에 - 주께서 그들의 장정들을 기뻐하지 아니하시며 그들의 고아와 과부를 긍휼히 여기지 아니하시리라." 죄악 된 백성뿐만 아니라 왕도 무자비하므로 하나님의 진노에 휩싸이게 되었습니다. "내가 분노하므로 네게 왕을 주고 진노하므로 폐하였노라"(호 13:11). 하나님께서는 죄인이 욕심으로 구한 음식을 주시되 자비는 베풀지 않으셨습니다. "그러나 그들이 그들의 욕심을 버리지 아니하여 그들의 먹을 것이 아직 그들의 입에 있을 때에 하나님이 그들에게 노염을 나타내사 그들 중 강한 자를 죽이시며 이스라엘의 청년을 쳐 엎드러뜨리셨도다"(시 78:30-31).

이와 반대로 히스기야는 건강과 생명을 회복하여 죽음을 보지 않고 십오 년을 더 살 수 있었습니다. 그것은 그가 하나님의 자비(사랑 또는 분에 넘치는 호의)를 입었기 때문입니다.

"보옵소서 내게 큰 고통을 더하신 것은 내게 평안을 주려 하심이라 주께서 내 영혼을 사랑하사 멸망의 구덩이에서 건지셨고 내 모든 죄를 주의 등 뒤에 던지셨나이다"(사 38:17). 우리는 하나님의 외적 호의에도 무게를 두어 영적

균형을 맞춰야 합니다.

많은 신자가 건강한 신체와 좋은 눈, 잘 듣는 귀와 완전한 감각을 지니는 것에 별 관심이 없습니다. 즉 성령님께서 거하시는 성전이 된 자신의 육체가 자비로 보존되는 것에 별생각이 없는 것입니다. 그리고 그들은 건강한 자녀를 둔 것에 만족하고 자녀들이 과연 자비를 입었는지 한 번도 묻지 않습니다. 그렇다면 자녀가 있어도 에브라임과 같을 것입니다. "내가 보건대 에브라임은 아름다운 곳에 심긴 두로와 같으나 그 자식들을 살인하는 자에게로 끌어내리로다" (호 9:13).

사람들은 금으로 된 조각상, 많은 은, 풍성한 물질, 가득한 곳간, 권력, 상패에 국회만 제대로 갖춰져 있으면 만족해 합니다. 아! 그러나 그들은 이 모든 것을 갖춘 것이 과연 자비를 입어 그렇게 된 것인지, 행여나 은혜 없는 호의를 입은 것은 아닌지, 아니면 특별하신 선하심과 하나님의 호의로 자비를 입은 것은 아닌지 숙고해보지 않습니다. 만일 여러분의 영혼과 자녀, 집, 명예, 토지가 그리스도께서 주신 자비로 갖추어진 것이라면 이 가운데 좋은 것은 사라지지 않을 것입니다. 즉 자녀가 세상을 떠나도 자비는 계속 유지될 것입니다. 토지나 집이나 부유함이 사라져도 자비는 사라지지 않을 것이며, 지옥의 모든 귀신도 여러분에게서 자비를 빼앗을 수 없을 것입니다. 욥이 자녀와 물질과 소 떼와 양 떼와 건강을 잃어도 그가 가진 특권은 사라지지 않았습니다(욥 19:27). 왜냐하면 큰 자비의 근원이시요, 욥의 구속자께서 살아계시기 때문입니다. 다윗이 왕국과 영토를 빼앗겨도 자비는 다윗을 떠나지 않았습니다(시 57:1; 시 23편 참고).

하나님께서 베푸신 외적 호의와 관련한 세 가지 질문

보는 것, 건강, 부, 자녀, 모든 외적 호의와 관련한 세 가지 질문이 있습니다.

가. 어디서 이런 것을 얻습니까? 창조주이신 하나님에게서입니까? 소나 말도 볼 수 있는 눈이 있어 자녀들의 부도덕한 행실을 책망합니다. "그들은 아이들을 양 떼같이 내보내고"(욥 21:11). 아니면 하나님께서 이 모든 것을 구속자이신 그리스도를 통해 주신 것입니까? 이것을 아십시오. 여러분이 그리스도 안에 거하면 여러분의 바구니나 돈이나 식탁이 책망을 받는 사람보다 더 풍성할 것입니다. 보통의 떡

보다 복으로 받은 떡이 더 나은데, 그것이 바로 천국의 떡이기 때문입니다. 떡과 건강과 보는 눈과 자녀와 평강이 그리스도를 통해 주어진 것이라면 이 모든 것이 다윗의 자손이신 그리스도께서 주시는 약이 되고 그분의 향기를 풍길 것입니다. 그리스도께서 주시는 것이 더 풍성합니다. 모든 것이 여러분의 것입니다. 왜 그렇습니까? 왜냐하면 여러분이 그리스도의 것이기 때문입니다(고전 3:21 참고). 선물은 받는 자에게 향기도 전달하는 법입니다. 그리스도의 향긋하신 손에서 오는 모든 것은 천국의 향취를 풍깁니다.

나. 여러분이 어떤 사람인지 아십시오. 자비를 입은 자이거나 아닌 자인 것입니다. 여러분은 바울이 말씀한 것처럼 자비를 입은 자인 것을 알게 될 것입니다. "그러나 내가 긍휼을 입은 까닭은(또는 내가 자비를 얻게 된 까닭은)"(딤전 1:16). 하나님께서 진노하실 때는 자비의 대상인 자녀에게도 좀처럼 호의를 베푸시지 않습니다. 하물며 악인은 탐욕의 옷을 입고 자비를 외치거나 듣지를 못했으니 그들이 "주님, 자녀들이 죽겠나이다."라고 외쳐도 하나님께서는 그들에게 자비를 베푸시지 않으십니다. 악인들은 "오, 하나님께서 내게

금과 은을 주시리로다."라고 말할지언정 "오, 주님께서 내게 하나님을 주시리로다."라고 말하지 않습니다. 또한 "오, 곡식과 포도주와 기름을 주시리로다."라고 말하지, 결코 "오, 주님께서 내게 그분의 아들을 주시리로다. 그래서 다른 모든 것을 주시리로다."라고 말하지 않습니다. 자비보다 더 큰 게 없다는 것을 생각하지 못하는 것입니다. "전에는 긍휼을 얻지 못하였더니 이제는 긍휼을 얻은 자니라"(벧전 2:10). 이사야 선지자가 말씀한 것보다 더 비참한 재앙도 없습니다. "백성이 지각이 없으므로 그들을 지으신 이가 불쌍히 여기지 아니하시며 그들을 조성하신 이가 은혜를 베풀지 아니하시리라"(사 27:11).

다. 여러분이 받은 자비를 어떻게 활용해야 하는지 알고 있어야 합니다. 개미가 여름 내내 수고하듯이 여러분의 젊음과 건강으로 친구에게 영원한 세계를 알려주고 혀로 하나님을 찬양하고 영광을 돌리며 결코 신성모독의 말을 내뱉지 않고 있다면 건강과 혀는 자신이 받은 자비를 잘 활용하고 있는 것입니다. 베푸신 호의를 정욕을 위해 낭비하는 것은 진노를 초래하는 것입니다. 나라가 힘을 얻고 승전한 것에 대해 하나님께 영광을 돌리고 그분의 나라를 건설하며 경건하고 압제 받는 자를 보호하면 권력과 승리가 자비를 통해 유지될 것입니다. 반대로 나라가 권력을 침략하고 강탈하는 데 사용하고 가난한 자를 짓밟고 궁핍한 자를 양산하고 정의를 구하는 과부를 외면한다면 주님께서는 왕뿐만 아니라 의회에 그분의 진노를 내리실 것입니다.

넷째. 두 맹인은 예수님을 집까지 따라왔습니다.

"예수께서 집에 들어가시매 맹인들이 그에게 나아오거늘"(28절). 이제 네 번째로, 그리스도에 대한 두 맹인의 행동을 살펴보겠습니다. 그들은 소리 지르며 예수님을 집까지 따라왔습니다.

두 맹인은 쉬지 않고 진지하게 기도했습니다. 진지한 기도 가운데 다음의 영적 요소가 있습니다.

1. 열렬한 마음

2. 열렬한 기도 또는 성령님께서 함께 하시는 기도

3. 절박한 기도

1. 열렬한 마음

열렬한 마음이 보여주는 첫 번째 영적 요소는 그들의 외침입니다. 어떤 경우는 전심을 다해야 한다는 것을 여기서 보여주고 있습니다. 기도는 천국의 궁정에 - 천사와 영화된 영혼이 출입할 수 있는 - 바로 올라가 하나님께 상달 되는 가장 높고 가장 영적인 경배입니다. 천사들은 온 힘을 다해 경배합니다. 그래서 다윗은 이와 같은 기초 위에 천사들에게 다음과 같이 말했습니다. "능력이 있어 여호와의 말씀을 행하며 그의 말씀의 소리를 듣는 여호와의 천사들이여 여호와를 송축하라"(시 103:20). 다윗은 이렇게 말한 셈입니다. "내게는 기도나 경배할 힘이 없을지라도 오, 모든 천사들아, 너희는 힘을 다해 하나님을 경배하라." 실제로 피조물은 자신이 가진 힘을 경배나 기도하는 데 쓰지 않습니다. 하지만 천사나 사람이 (다른 것이나 은혜를 통해) 육신의 힘을 초월해 하나님을 경배하는 데 온 힘을 쓴다 해도 지나침이 없을 것이며 결코 하나님의 탁월하심을 만족스럽게 찬양하지 못할 것입니다. 그래도 영화된 영혼은 온 힘을 다해 찬양하고 부르짖습니다(사 6:3 참고). 그렇습니다. "그들이 밤낮 쉬지 않고 이르기를 거룩하다 거룩하다 거룩하다 주 하나님 곧 전능하신 이여 전에도 계셨고 이제도 계시고 장차 오실 이시라 하고"(계 4:8). 그리고 "또 다른 천사가 성전으로부터 나와 구름 위에 앉은 이를 향하여 큰 음성으로 외쳐 이르되 당신의 낫을 휘둘러 거두소서 땅의 곡식이 다 익어 거둘 때가 이르렀음이니이다"(계 14:15). 이 말씀은 주님의 진노의 수확이 적그리스도의 왕국에 황급히 이르기를 기도하고 있습니다.

천사가 무엇입니까? 주님께 영광 돌리려는 갈망으로 타오르는 불꽃이 아닙니까? 이처럼 기도는 지극히 높으신 분을 경외하는 것입니다. 그러므로 목소리를 높이고 수많은 말을 요란스럽게 늘어놓는 기도는 천국을 향해 부르짖는 기도에 비하면 너무 초라한 것입니다. 그래서 문을 마구 두드리는 것으로 기도를 표현하는 것입니다. 두드리려면 팔에 힘이 들어가야 합니다. 이런 것을 보면 열렬한 기도는 불과 물이라는 가장 완벽한 요소를 지닌 셈입니다. 기도는 절대 꺼지지 않는 불과 같습니다. "내 마음이 내 속에서 뜨거워서 작은 소리로 읊조릴 때에 불이 붙으니 나의 혀로 말하기를"(시 39:3). 기도에 불이 붙은 것을 알 수 있습니다. "여호와여 나의 종말과 연한이 언제까지인지 알게 하사 내가 나의 연약함을 알게 하소서"(4절). 또한 기도는 물 같습니다.

왜냐하면 자주 다음과 같이 표현하기 때문입니다. "주님 앞에 영혼을 쏟으며." 뚜껑을 닫지 않고 용기의 아귀가 넘치도록 물을 계속 채우면 물은 밑으로 홍수같이 쏟아질 수밖에 없습니다.

열렬한 기도는 씨름하는 것과 같습니다. 야곱이 기도로 하나님과 씨름했듯이 말입니다. 이제 기도로 씨름하는 사람은 그의 모든 힘과 뼈, 신경, 다리, 팔, 그리고 영혼까지 온통 기도하는 일에 몰두하는 것입니다.

2. 열렬한 기도

열렬한 기도 또는 성령님께서 함께 하시는 기도(약 5:16)가 있습니다. 성령님께 사로잡혀 영혼을 다해 기도하는 것입니다. 사람의 영혼은 그 사람의 힘입니다. 애굽의 말이 몸체는 있어도 영혼이 없듯이 — 그러므로 강하다고 볼 수 없습니다 — 술기운으로 움직이는 것은 술의 힘이지 영혼의 힘이 아닙니다. 장미나 향료는 향이 곧 힘입니다. 사람은 심령이 상하면 무너지고 맙니다. 유다서 20절은 그런 자에게 "성령으로 기도"할 것을 권고합니다. 성령님께서는 그런 자에게 집과 같아서 성령님께서 많은 부분에서 함께 하지 않으시면 무너지는 것입니다.

3. 절박한 기도

소리 질러 기도하는 것 외에 또 하나 볼 수 있는 것은 두 맹인의 절박한 기도입니다. 이것도 많은 비중을 차지하는 요소입니다. 두 맹인은 길가에서부터 소리 지르며 그리스도께서 집에 이르실 때까지 따라오면서 기도했습니다. 이제 우리는 계속 기도하라는 명령을 받습니다. 기도의 위력과 승리가 바로 여기에 있기 때문입니다. 그리스도께서는 "기도하라"고 하시지 않고 "깨어 기도하라"고 하셨습니다. 그럴 때 우리는 "시험에 들지 않게" 됩니다(마 26:41). 기도가 하나님의 전신갑주 가운데서도 중요한 위치를 차지하므로 (에베소서 6장 참고) 성령님께서도 이 기도라는 무기를 어떻게 사용하는지 가르치셨습니다(18절).

가. "깨어 구하기를 항상(헬라어로 매 순간) 힘쓰"라고 하셨습니다. 기도를 생략해도 되는 때는 없습니다.

나. "모든 기도와 간구"로

다. "성령 안에서". 헬라어로는 수동태로 되어 있습니다.

- “성령으로 말미암아 기도하게 되며.” 이를 통해 양자의 영이 곧 승리를 주시는 성령님이시며 성령님께서 영혼을 압도하심을 알 수 있습니다.

라. “이를 위하여 깨어” - 기도하시는 성령님께서는 졸지 않으십니다.

마. 싫증 내지 말고 인내를 갖고 계속 깨어 모든 성도를 위해 기도해야 합니다. “주야로 심히 간구함은 너희 얼굴을 보고 너희 믿음이 부족한 것을 보충하게 하려 함이라”(살전 3:10).

여러분은 깨어 기도할 때, 특별히 탄원할 때 그 속에 생명과 강한 소망을 느낀다고 고백할지 모릅니다. “내 하나님이여 내가 낮에도 부르짖고 밤에도 잠잠하지 아니하오나 응답하지 아니하시나이다”(시 22:2). 이 말씀을 보면 다윗은 반대로 말씀하고 있습니다. 여러분은 “아니, 뭐라고요! 주야로 부르짖는데 응답이 없다니요? 그러면 기도해도 모래사장에 밀을 심고 에티오피아인의 검은 피부를 지우려는 것과 다를 게 없잖아요? 구원받을 소망이 없는 거잖아요.” 라고 말합니다. 이에 다윗은 대답합니다. “그래요. 그래도 소망은 있습니다. 내가 울부짖을 때 응답이 없더라도 주야로 기도한 것은 헛된 일이 아닙니다. 하지만 제 말을 계속 들어보십시오." – "주여 주는 거룩하시니이다 우리 조상들이 주께 의뢰하고 의뢰하였으므로 그들을 건지셨나이다" (2-4절). 그러므로 여러분은 하나님을 믿는 것이 헛된 일이 아님을 알아야 합니다. 다시 다윗은 말합니다. "주께 의뢰하고 의뢰하였으므로 그들을 건지셨나이다 그들이 주께 부르짖어 구원을 얻고"(4-5절). 하박국 선지자도 섭리에 역행하는 일을 보며 의심이 생겼습니다. 그는 세상이 마치 바다 같다고 했습니다. 온통 무질서와 난리로 가득하다고 했습니다. 그 안을 보면 사람들이 마치 바다의 고기 같다고 했습니다. 그래서 마치 큰 고기가 작은 고기를 먹으며, 큰 자가 그물로 희생자를 모으며 기뻐하고 즐거워하는 것 같다고 하소연했습니다(합 1:14-16 참고). 하지만 이 모든 것을 보면서도 이스라엘에 소망이 있다고 믿었습니다. "내가 내 파수하는 곳에 서며 성루에 서리라 그가 내게 무엇이라 말씀하실는지 기다리고 바라보며 나의 질문에 대하여 어떻게 대답하실는지 보리라 하였더니"(합 2:1). 그러자 주님께서 하박국에게 두 가지 기쁜 응답을 주셨습니다. "이 묵시는 정한 때가 있나니 그 종말이 속히 이르겠고 결코 거짓되지 아니하리라." 그리고 이렇게 당부하셨습니다. "비록 더딜지라도 기다리라 지체되지 않고 반드시 응하리라"(3절).

낙심하지 말고 계속 기도하는 것은 확고하게 천국의 소망을 갖는 것입니다. 그래서 다윗이 막연히 "내가 주님을 기다리며."라고 하기보다 "나 곧 내 영혼은 여호와를 기다리며"(시 130:5)라고 소망을 더 높여 말한 것입니다. 왜냐하면 보증도 없이 기다리는 것은 바람을 잡는 것과 같기 때문입니다. 하지만 다윗은 보증이 무엇인지 보여주었습니다. 그것은 주님께서 서명하심으로 승인된 것, 즉 주님의 말씀이었습니다. "나는 주의 말씀을 바라는도다"(5절). 깊은 곳에서 부르짖는 기도가 강합니다(1절). 다윗은 자신의 바람이 크다는 것을 표현했습니다. "파수꾼이 아침을 기다림보다 내 영혼이 주를 더 기다리나니 참으로 파수꾼이 아침을 기다림보다 더하도다"(6절). 시편 88편 1절을 보십시오. "여호와 내 구원의 하나님이여 내가 주야로 주 앞에서 부르짖었사오니." 그러나 "주의 노가 심히" 눌렀습니다(7절). 그래도 그는 낙심하지 않고 다음과 같이 말했습니다. "여호와여 오직 내가 주께 부르짖었사오니 아침에 나의 기도가 주의 앞에 이르리이다"(13절).

실제적 적용

가. 기도할 때 산만해지고 집중하지 못하는 것은 책망받아 마땅합니다. 왜냐하면 모든 종류의 기도를 다 하며 오직 기도하는 일에 매진해야 하는데 그렇게 하지 않기 때문입니다. 그렇게 하지 않기 때문에 기도의 영도 모두 사라지고 마음도 헛된 생각을 따라 이리저리 방황하는 것입니다. 그래서야 영혼을 쏟는 기도를 할 수 있겠습니까? 기도할 때 떠오르는 상상이 이끄는 데로 영혼이 이리저리 방황하는데 그 안에 양자의 영이 있을 턱이 있겠습니까? 게다가 영혼을 쏟는 기도도 할 수 없게 되는 것입니다.

나. 나태하고 냉랭하고 마음 없이 하는 기도도 책망받아 마땅합니다. 많은 사람이 기도할 때 하나님께서 과연 들으시는지에 관심이 없습니다. 그래서 기도에 전념할지라도 주님 앞에서 갈망도, 의미도 없는 건조한 말만 나열하며 헛되게 하나님의 이름으로 기도합니다.

다. 많은 사람이 마법사가 주문을 외듯이 기도합니다. 마치 모든 의식에 통용되는 주문을 외우고 효과가 없으면 다시는 하지 않겠다는 식으로 행동합니다. 모압 왕은 발람이 이스라엘을 더 이상 저주하지 않자 발람을 돌려보내고 다시는 찾지 않았습니다. 이처럼 많은 사람이 하나님께 기도 한 번 해보고 응답이 없을 것 같으면 깨어 계속 기도하는 것은 고사하고 기도하다 잠들어 버립니다. 마치 주문이 효과가 없으면 또 다른 헛된 것을 찾고 더 이상 주님을 기다리지 못하는 것과 같습니다. 하지만 금식과 기도로 쫓아내지 못할 귀신은 없습니다.

라. 여름이 끝나고 수확의 시기가 지나도록 응답이 없을지라도 내년 겨울을 위해 주님을 기다리십시오. 많은 여름을 보낼지라도 기다리십시오. 왜냐하면,

1) 주님께서는 우리의 기다림, 즉 구원의 기다림을 존중하시기 때문입니다. 어떤 성인이 창조 때부터 그리스도의 재림까지 산다고 가정해보십시오. 성령님과 그리스도의 신부인 그가 그 모든 시간을 "주 예수님, 오시옵소서."라

고 기도했습니다. 그렇게 수천 년이 흘렀습니다. 그럴지라도 그리스도의 재림의 영광과 값없이 주시는 구원의 무게는 고통스럽게 기다리는 것보다 값진 것입니다. 풍성한 수확이 여름의 소망을 보상합니다. 인도에서 배에 가득 채운 금 때문에 배가 균형을 잃을 정도로 심히 무겁다면 오랜 여정이 힘들게 느껴지지 않을 것입니다. 그렇다면 기도와 소망으로 나이가 육십이나 칠십이 넘고 머리가 희어질지라도 기다리는 것은 그보다 더 큰 보상을 가져다줄 것입니다. 금으로 가득 채운 배보다 더 귀하신 주님께서 사랑스러우신 모습을 드러내심으로 우리의 괴로움을 기쁨으로 채워주시고도 남을 것입니다. 그래서 이사야는 기다리는 그분의 백성에게 다음과 같이 말했습니다. "그 날에 말하기를 이는 우리의 하나님이시라 우리가 그를 기다렸으니 그가 우리를 구원하시리로다 이는 여호와시라 우리가 그를 기다렸으니 우리는 그의 구원을 기뻐하며 즐거워하리라 할 것이며"(사 25:9).

2) 에브라임이 뒤집지 않은 전병같이 화덕에서 나온 것은 유감스러운 일이었습니다(호 7:8 참고). 그런데 많은 사람

이 아직도 이처럼 난로에 넣어도 날 것으로 나옵니다. 그들은 마치 수액마저 시큼한 여름 과일 같고, 때 일러 가지치기한 나무같이 되어 매를 자초합니다. 색깔이 파랗고 여물지 않은 포도는 발로 밟아도 좋은 포도주가 될 수 없습니다. 우리가 구원받고 낮아지지 않으면 인내해도 절반의 사역만 이룰 뿐, 완전히 끝맺지 못할 것입니다.

3) 하나님의 때까지 기다리는 게 지혜입니다. 왜냐하면 우리의 때는 하나님의 뜻 안에 있는 것이 분명하기 때문입니다. 주님의 때가 제시간에 이르면 무덤이 열리고 마른 뼈가 일어날 것입니다. 우리의 때가 지난 것 같아도 하나님의 섭리로 인해 모든 때는 우리 손에 달린 것이나 마찬가지입니다. 참지 못하고 섭리를 거스를 때 우리는 적그리스도같이 행동하는 것이 됩니다. 즉 시간과 때를 바꿔 악화시키는 것입니다. 우리는 하나님께서 때를 지정해 주셨는데 자꾸 여름과 겨울을 위한 다른 때를 찾고, 창조주께서 지정하신 태양과 달의 이동 시기를 바꾸려고 합니다. 그러면 제때를 놓치게 됩니다. 왜냐하면 우리가 신앙의 의무에 신경을 쓰기보다 하나님께서 하실 일에 더

지나친 관심을 쏟기 때문입니다. 우리가 임의로 우리 자신의 고통의 때와 구원의 때와 천국의 때를 맞추려 애쓴다면 시기와 장소도 다 놓치고 세상을 뒤흔드는 사람도 될 수 없습니다. 하나님의 역사는 한 치의 오차도 없습니다. 하나님의 보좌 앞에는 이 땅에 있을 때 승리를 거둔 자가 셀 수 없을 정도로 많습니다. 그들 중 제시간을 넘기거나 너무 일찍 천국에 이른 자는 아무도 없습니다. 그들 중 무한하신 지혜로 정하신 때보다 더 일찍 천국에 온 자도 없습니다. 하나님께서 모든 것을 그분의 때에 아름답게 이루십니다. 우리가 고통의 연기로 질식할 것 같고 더 이상 살기 어려워 두려움에 떨며 "우리 자신이 정한 때가 오지 않을지라도" 하나님께서 천국에서 내 머리에 면류관을 씌워주실 날이 올 것입니다.

4

그리스도께서 두 맹인에게 요구하신 요건 : 그분의 전능하심을 믿는 것

4장

그리스도께서 두 맹인에게 요구하신 요건 : 그분의 전능하심을 믿는 것

"예수께서 이르시되 내가 능히 이 일 할 줄을 믿느냐"(28절).

우리는 이제 본문에서 특별히 관찰되는 네 번째 사항에 이르게 되었습니다. 즉 그리스도께서 맹인들에게 요구하신 요건입니다. "내가 능히 이 일 할 줄을 믿느냐." - 여기서 우리는 다음의 요점을 논의할 것입니다.

첫째. 왜 그리스도께서 맹인의 눈을 회복시키시기 전에 믿음을 요구하셨을까?

둘째. 그리스도께서 두 맹인에게 요구하신 믿음은 무엇인가?

셋째. 기적을 일으키는 믿음의 힘은 무엇인가?

첫째. 왜 그리스도께서 맹인의 눈을 회복시키시기 전에 믿음을 요구하셨을까?

그리스도께서 두 맹인으로 하여금 믿음을 갈망하게 하신 이유는 많은 사람이 건강상의 이유로 그리스도를 찾았기 때문입니다. 그런 사람들은 단지 필요 때문에 찾았지, 그리스도를 메시야로 고백하기를 두려워했습니다. 이제 그리스도께서는 자신을 따르는 자들에게 한밤중에 찾아온 니고데모처럼 구석에서 은밀히 믿음을 고백하지 말고 공개적으로, 당당하고 분명하게 고백하라고 요구하십니다. 바로 여기에 교리가 있습니다.

즉 우리는 반드시 믿어야 할 뿐만 아니라 사람들 앞에서 우리의 믿음과, 나의 주가 그리스도이심을 고백해야 한다는 것입니다 - 마태복음 10장 32절에서 말씀하신 것처럼 말입니다. "누구든지 사람 앞에서 나를 시인하면 나도 하늘에 계신 내 아버지 앞에서 그를 시인할 것이요."

이는 다음과 같은 이유로 필요합니다:

1. 은혜 언약은 우리에게 다음의 말씀처럼 요구합니다. "한 사람은 이르기를 나는 여호와께 속하였다 할 것이며 또 한 사람은 야곱의 이름으로 자기를 부를 것이며 또 다른 사람은 자기가 여호와께 속하였음을 그의 손으로 기록하고" (사 44:5). 안디옥에서도 믿는 자들은 자신들을 그리스도인으로 불렀습니다. 그리고 바울 역시 자신이 사도로 부르심을 받았다고 하면서 이방인에게 하나님의 이름을 전했습니다. 이처럼 성도라면 세상 앞에서 그리스도를 주로 시인해야 합니다. 믿음의 선배들도 교회에 등록하고 세례를 받을 때 세상 앞에서 그리스도께서 자신의 주권자가 되셨다고 고백했습니다.

2. 하나님의 명예와 그분의 이름이 우리에게 이것을 요구합니다. 모세는 적정한 나이에 이르러 애굽 사람인 것을 수치로 여기고 바로의 딸의 아들임을 거부하면서 - 무엇 때문이었겠습니까? - 하나님의 백성과 함께 고난받는 길을 선택했습니다. 모세가 바로의 딸의 아들이 된 것만큼 큰일도

없는데 그가 하나님의 자녀가 된 것도 마찬가지로 큰일이었습니다. 하지만 그는 무엇보다 시온의 아들로 불리길 원했습니다. 왜냐하면 그것이 그의 본 신분이기 때문입니다. 모든 사람은 자신이 사는 곳에서 본래 태생이 어디인지 고백하기 마련입니다. 자식이 아버지를 부인하거나 시민이 자신의 나라를 부인하거나, 또는 종이 자신의 주인을 부끄러워한다면 몹시 나쁜 사람입니다. 만일 그렇게 주장하려면 그에 합당한 정당한 구실을 대야 할 것입니다. 바로 이것이 베드로와 제자들의 죄였습니다. 그들은 자신의 스승이 처형되기 직전까지 스승을 부끄럽게 여겨 그분을 버리고 달아났습니다. 하지만 그리스도께서는 나중에 그 일로 그들과 다투지 않으셨고 제자들이 그분을 주로 고백할 것을 요구하셨습니다.

3. 그리스도의 은혜를 받은 종이 "이기는 자는 내 하나님 성전에 기둥이 되게 하리니"(계 3:12)라는 말씀을 듣는 것은 명예로운 일입니다. "또 너희가 남겨 놓은 이름은 내가 택한 자의 저줏거리가 될 것이니라 주 여호와 내가 너를 죽이고 내 종들은 다른 이름으로 부르리라"(사 65:15). 이처럼 요

한도 환상 중에 하나님의 교회를 보며 다음과 같이 말씀했습니다. "또 내가 보니 보라 어린 양이 시온 산에 섰고 그와 함께 십사만 사천이 서 있는데 그들의 이마에는 어린 양의 이름과 그 아버지의 이름을 쓴 것이 있더라"(계 14:1). 이처럼 모든 성도도 그리스도께서 계시는 천국에 이르면 그들의 이마에 새겨진 것을 사람들이 보게 될 것입니다. 그것을 본 "사람들이 너를 일컬어 거룩한 백성이라 여호와께서 구속하신 자라 하겠고 또 너를 일컬어 찾은바 된 자요 버림받지 아니한 성읍이라"(사 62:12) 하고 외칠 것입니다.

4. 사람들 앞에서 하나님을 믿는다고 고백하는 것은 참으로 하나님을 영화롭게 해드리는 것이지만, 그렇게 고백만 하고 실제로 우리가 할 수 있는 경배나 예배나 영광을 하나님께 드리지 못한다면, 사람들과 천사들 앞에서 고백만 했을 뿐 하나님의 영광에 광택만 내는 행위가 될 것입니다. 주님께서는 우리에게 실제적인 명예를 약속하셨습니다. 왜냐하면 주님의 이름이 영화롭기 때문입니다. "누구든지 사람 앞에서 나를 시인하면 나도 하늘에 계신 내 아버지 앞에서 그를 시인할 것이요"(마 10:32). 잠언 3장 21절은 "내

아들아 완전한 지혜와 근신을 지키고 이것들이 네 눈앞에서 떠나지 말게 하라"고 말씀하며 이어서 이렇게 말씀합니다. "그리하면 그것이 네 영혼의 생명이 되며 네 목에 장식이 되리니"(22절). "그가 아름다운 관을 네 머리에 두겠고 영화로운 면류관을 네게 주리라 하셨느니라"(잠 4:9). 이를 통해 목에 금 사슬과 목걸이로 꾸민 모습을 그려볼 수 있습니다. 주님께서는 친히 이런 보물로 신앙고백에 합당하게 행한 자신의 신부를 꾸며주시고 아름다운 옷으로 입혀주실 것입니다. "패물을 채우고 팔 고리를 손목에 끼우고 목걸이를 목에 걸고 코 고리를 코에 달고 귀고리를 귀에 달고 화려한 왕관을 머리에 씌웠나니"(겔 16:11-12).

그리스도께서는 나다나엘에게 "이는 참으로 이스라엘 사람이라 그 속에 간사한 것이 없도다"라고 말씀하셨습니다(요 1:47). 또한 "나오라. 내 아버지께 복 받을 자들이여"(마 25:34)라고 말씀하셨습니다. 이것은 이런 자가 진실로 그리스도의 영광의 나라의 소유물이라는 의미입니다. 그러므로 우리도 우리의 목과 이마에 화환이요 금 목걸이이신 그리스도로 옷 입어야 하겠습니다. 그리스도를 주로 시인하는 것은 그리스도의 신부 된 우리가 받은 그리스도의 호의를 사람들과 천사들 앞에서 나타내는 것입니다. 그래서 바울도 쇠사슬로 묶인 자신의 손과 신체의 약함이 오히려 그리스도의 영광이 되길 바랐고, 자신의 몸에 그리스도의 흔적이 있다고 고백한 것입니다. 그리고 다시, 그리스도께서는 성부 하나님과 거룩한 천사들 앞에서 그런 자들이 바로 자신의 것이라고 고백하셨습니다. 이생에서 그리스도로 옷 입는 것은 곧 그분의 고귀한 성의(聖衣)를 입는 것입니다. "이방 나라들이 네 공의를, 뭇 왕이 다 네 영광을 볼 것이요 너는 여호와의 입으로 정하실 새 이름으로 일컬음이 될 것이며 너는 또 여호와의 손의 아름다운 관, 네 하나님의 손의 왕관이 될 것이라"(사 62:2-3).

5. 구원은 우리가 믿게 할 뿐만 아니라 신앙도 고백하게 만듭니다. "네가 만일 네 입으로 예수를 주로 시인하며 또 하나님께서 그를 죽은 자 가운데서 살리신 것을 네 마음에 믿으면 구원을 받으리라"(롬 10:9).

6. 그리스도의 이름이나 그분의 진리에 관한 것을 누가 물어본다면 그 사람에게 대답해주는 그때가 바로 우리 입

술과 마음으로 그리스도를 거룩하게 높이는 때가 될 것입니다. "너희 마음에 그리스도를 주로 삼아 거룩하게 하고 너희 속에 있는 소망에 관한 이유를 묻는 자에게는 대답할 것을 항상 준비하되 온유와 두려움으로 하고"(벧전 3:15). 많은 사람이 입술로 고백하지 않아도 된다고 생각합니다. 공개적으로 그리스도를 고백하지 않고 마음으로만 고백해도 충분하다고 생각합니다. 하지만 베드로는 자신이 그리스도를 부인했던 때를 언급하면서 우리 속에 있는 소망의 근거를 입술로 고백하지 않으면 마음으로 그분을 거룩하게 높이는 것이 아니라고 생각했습니다. 아리마대 요셉은 대담하게 예수님의 시신을 달라고 빌었습니다. 그때는 대적들이 가장 높아지고 예수님은 가장 낮아지신 때였습니다. 즉 예수님의 몸은 이제 한 줌 흙덩이가 되고, 제자들 모두 달아난 상황에서 감히 아무도 예수님을 장사지내려 그분의 시신을 달라고 하지 못하던 때였습니다. 그런데 요셉이 믿음으로 담대하게 그 일을 해낸 것입니다.

실제적 적용

마음으로 그리스도를 주로 시인하는 것만으로는 충분하

지 않습니다. 입술로, 공개적으로 시인해야 합니다. 신성모독과 이단들 때문에 그리스도의 명예가 실추된 오늘과 같은 상황에서 주님께서는 그리스도의 진리에 반대하고 그분의 진리를 마음대로 다루는 자들에게, 자신의 사람들이 자신에 대해 신앙고백하고 증언하기를 요구하십니다. 예수님께서는 대적들이 그리스도의 위격을 부인하고 예수님께서 하나님의 아들이 아니라고 말하며 자신을 반대하는 것을 참아내셨습니다. 지금도 예수님께서 같은 진리를 반대하는 자들을 참아내시는 것을 보면서 우리도 같은 고난을 감당하며 믿어야 할 것입니다. 지금도 그 당시처럼 그리스도를 대적하는 무지한 자가 많습니다. 그리스도를 고백하지 않는 것은 사람들 앞에서 그리스도를 부인하는 것과 같습니다. 그러므로 그것은 복음을 배신하는 것입니다. 또한 그리스도를 비난하고 경멸하도록 몰아넣고 사람들 앞에서 그분을 부끄럽게 만드는 것입니다.

가. 왜냐하면 사람들은 그리스도의 십자가나 그분의 이름이 불화를 일으킨다고 생각하기 때문입니다. 또한 그리스도인을 선동자요, 권위에 대항해 비난을 사는 자로 생각

하기 때문입니다.

나. 게다가 우리가 사람을 두려워함으로 약해지면 어떤 진리를 부인하게 되고 그리스도를 약하신 분으로 여기게 될 것이기 때문입니다. 더 나아가 그분의 진리를 옹호하는 일도 감당하지 못하고 다만 하나님을 약한 분으로 만드는 부끄러운 일만 하게 될 것이기 때문입니다.

둘째. 그리스도께서 두 맹인에게 요구하신 믿음은 무엇인가?

"내가 능히 이 일 할 줄을 믿느냐." 이제 질문은 이것입니다. 즉 그리스도를 창조주이신 하나님으로 믿었든지 아니면 중보자이신 하나님으로 믿었든지 간에 그리스도께서 두 맹인에게 요구하신 믿음이 무엇이냐는 것입니다.

본문에서 드러나는 것은 그리스도께서 두 맹인에게 자신을 구속주로 믿을 것을 요구하셨다는 것입니다. 왜냐하면 그리스도께서는 "하나님께서 나를 통해 너희를 보게 해주실 줄 믿느냐?"라고 하시거나 "하나님께서 지금 나에게 없는 능력의 은사를 주실 줄 믿느냐?"라고 말씀하시지 않았기 때문입니다. 다만 “내가 능히 이 일 할 줄을 믿느냐?”라고 물으셨습니다.

사도들은 자신들의 능력으로 걷지 못하는 사람을 고치거나 어떤 기적을 일으킬 수 있다고 믿지 않았습니다. 그보다 그리스도께서 자신들 안에서 역사하신다고 말했습니다(행 4:12-13). 또한 단순히 창조주 하나님을 믿는 것은 구원하는 믿음이 될 수 없습니다. 그것은 그리스도께서 이 두 사람에게 요구하신 믿음이 아니었습니다. 따라서 다음과 같이 주장할 수 있습니다.

주장 1 단지 하나님의 존재를 믿는 것만으로는(귀신들도 이 사실을 믿습니다) 어떤 사람도 구원에 이를 수 없습니다.

첫째, 만일 그것이 가능하다면 사람이 가진 자연적 능력으로도 얼마든지 천국에 갈 수 있습니다. 그렇습니다. 만일 그렇다면 그리스도께서 구원하는 은혜와 성령님을 주시기 위해 죽으신 것이 헛된 일이 됩니다. 둘째, 모든 사람에게 천국 갈 능력이 있다면 은혜는 빛을 잃습니다. 은혜는 사람의 능력이나 자연적이고 평범한 은사로 할 수 없는 영역에서 빛을 발합니다.

가. 구원하는 은혜를 받는 것은 지존하신 하나님의 뜻에 달린 것입니다. 하나님께서 원하시면 주시는 것입니다. 또한 구원은 하나님의 최고의 사랑의 발로(發露)가 아닐 수 없습니다. 이런 질문을 할 수 있습니다. 피조물이 아주 큰 능력을 지닐 수 있는가? 즉 구원하는 은혜를 받지 않아도 될 정도로 큰 능력을 지닐 수 있는가? 초월자처럼 될 수 있는가? 그런 자는 오직 모든 이름 위에 뛰어나시고 천사와 인간보다 높으시고 참 사람이신 그리스도 외에 아무도 없습니다. 오직 그리스도만 사람이시면서 은혜와 영광을 소유하신 분입니다. 그분보다 높아질 수 있는 사람은 세상에 없습니다. 그러므로 구원하는 은혜는 진기한 빛입니다. 하나님께로부터 나오는 것으로, 이것과 비교될만한 것은 없습니다. 하나님께서 성육신하심으로 사람이 되셨습니다. 그런데 성육신하신 그리스도보다 초월적인 존재는 없었습니다. 또한 성육신하신 그리스도보다 완벽한 은혜로 충만하게 된 존재가 세상에 없었습니다. 그분보다 더 큰 은혜를 주실 존재도 없습니다. 그러므로 보통의 은사와 능력 - 이를테면 힘, 아름다움, 신분, 지혜, 학식, 지식 - 은 이 구원하는 은혜에 비교될만한 것이 못 됩니다.

나. 주님께서 은혜를 말씀하셨을 때 그것은 천국에 갈 사람에게 베푸신 호의라는 의미입니다. 그리고 이 은혜는 모든 사람을 위한 것이 아닙니다. 오직 선택된 자에게만 해당하지 그 외의 사람에게는 아닙니다. 그것은 현명한 장사꾼이 진주이신 그리스도를 사는 것과 같습니다. 수많은 사람이 진주가 묻힌 땅을 지나가지만 그것을 아는 사람은 오직 한 사람입니다. "하나님이 우리를 구원하사 거룩하신 소명으로 부르심은"(딤후 1:9). "나를 사랑하사 나를 위하여 자기 자신을 버리신 하나님의 아들"(갈 2:20). 은혜는 수많은 사람이 있어도 그중에 특정한 "나"에게만 임하며, 그는 하나님께서 택하신 꽃과 장미, 곧 그분의 값없는 사랑으로 선별된 꽃과 장미와 같습니다. 그가 지금의 모습처럼 된 것은 하나님의 은혜 때문입니다(고전 15:10 참고). 한 명의 신자는 들판에서 자란 수많은 꽃 가운데 하나님께서 택하신 장미이며, 그는 하나님의 향기를 내는 자입니다.

다. 구원하는 은혜는 하늘나라 왕국의 감독관께서 주시지 않으면 절대로 받을 수 없습니다. 또한 이 은혜는 사람이 이룰 수 있는 게 아닙니다. 그렇습니다. 이 은혜는 구원이 "될지 안 될지" 모를만한 것이 아닙니다. 왜냐하면 누구도 이 은혜가 역사하는 것처럼 영혼의 각성을 이룰 수 없기 때문입니다. 하나님의 부르심과 선택과 칭의를 이룰 수 없기 때문입니다. 그러므로 진리의 성경이 다음과 같이 말씀한 것과 같습니다. "곧 창세 전에 우리를 택하사"(엡 1:4). 이 말씀은 아르미니우스주의처럼 "될지 안 될지"의 여지를 남기지 않습니다. 아르미니우스주의는 다음과 같이 주장합니다. "사람은 일방적으로 영광의 나라에 들어가라는 선택을 받을 수 있다. 하나님의 나라에 들어가고 싶다면 제시된 목적을 꾸준히 이루어 나가야 한다. 만일 꾸준하지 못해 그 목표에 이르지 못하면 모든 약속은 무효가 된다." 성경은 말씀합니다. "너희를 살리셨도다"(엡 2:1). "살리실 수 있도다" 또는 살리시지 못할 수 있도다"가 아닙니다. 또 이렇게 말씀합니다. "하나님이 우리를 구원하사 거룩하신 소명으로 부르심은"(딤후 1:9). "하나님이 우리를 구원하실지" 또는 "소명으로 부르실지"가 아닙니다. 은혜는 하나님의 의지와 역사가 함께 이루어지는 것입니다. 선택하시는 은혜와 칭의의 은혜는 달의 회전 주기나 밀물과 썰물의 법칙처럼 변하지 않습니다. 이처럼 그리스도께서도 변함이 없으십니다. 그리스도께서는 시작하신 일을 완전히 이루십니다. 그분께서는 우리의 믿음을 조성하시고 완성하시는 분이십니다. 사람의 힘과 은사로 이루어가는 믿음의 역사는 끝까지 추진력을 낼 수 없습니다. 다른 사람에게 선행을 베풀 수는 있지만 그마저도 오용될 수 있고 공허한 수고가 될 수 있습니다. 달란트는 은사일 뿐입니다. 그것으로는 "될지 모른다."고 말할 수밖에 없습니다. 하지만 구원하는 은혜는 절대 실패하는 법이 없습니다. 달란트는 은혜의 보조수단일 뿐입니다.

라. 구원하는 은혜의 본질이 영생으로 이끕니다. 그리스도 안에 계신 하나님께서 은혜의 원리가 되십니다. 구원하는 은혜는 이 원리의 좌소(座所)를 향해 나아가고 움직입니다. 이 원리가 하나님께로부터 나왔기 때문에 하나님께로 이끕니다. 이 원리가 영혼을 변화시킵니다. 그것은 자연인의 믿음으로는 불가능한 일입니다. 왜냐하면 자연인의 믿음은 은혜라기보다 은사이기 때문입니다. 그렇습니다. 그런 은사라면 귀신들도 갖고 있습니다. 그들도 하나님께서

한 분이심을 믿고 떨었기 때문입니다.[27] 그러므로 그리스도께서 두 맹인에게 시력 회복을 위해 요구하신 것이 자연인의 믿음이 아니라는 것은 분명합니다. 자연인도 하나님의 전능하심을 믿을 수 있기 때문입니다.

주장 2 그리스도께서 요구하신 믿음은 그분을 기쁘시게 한 것으로 그리스도를 중보자로 믿는 것이었습니다.

가. 이 믿음은 멸시받으시고 버림받으신 구세주 안에 구원이 있음을 알게 하는 믿음입니다. 자연인의 믿음으로도 그리스도께서 신적 능력을 지니셨다는 인상을 받을 수 있습니다. 하지만 그리스도께서 하나님이신 것은 깨닫지 못합니다. 물론 자연인의 믿음으로도 하나님의 전능성을 감지하기도 합니다. 하지만 구원하는 은혜는 이 은혜를 주시는 대상이 얼마나 높고 또 얼마나 낮아지셨는지를 모두 인식합니다. 즉 가난과 약함과 죽음과 슬픔을 경험하는 인간으로 낮아지신 하나님을 인식하며, 지극히 높으시며 승리

27 "네가 하나님은 한 분이신 줄을 믿느냐 잘하는도다 귀신들도 믿고 떠느니라"(약 2:19): 옮긴이 주.

하시고 정복하시는 하나님을 모두 인식하는 것입니다.

나. 하나님을 높이고 인간을 낮추는 것이 바로 이 믿음입니다. 왜냐하면 이 믿음을 통해 전능하신 하나님께서 구원을 이루시려고 가장 낮아지신 것을 알게 되기 때문입니다. 또한 마찬가지로 이 믿음으로 측량할 수 없는 부요함을 피조물에게 주시려고 가난해지신 것을 알게 되기 때문입니다. 은혜의 본질이 피부에 와 닿는 경우는 전가된 그리스도의 의를 깨달을 때입니다. 즉 우리의 의를 이루신 분이 바로 여호와 하나님이신 것을 알게 되기 때문입니다. 또한 이 하나님께서 그리스도를 기쁘시게 만드는 것이 바로 이 믿음인 것을 우리에게 알려주셨기 때문입니다. 자연인도 믿음을 가질 수 있습니다. 하지만 자연인의 믿음으로는 본능을 이기지 못합니다. 즉 자신의 의지를 굴복시켜 거룩한 순종을 조금도 이루지 못합니다. 하지만 초자연적 믿음은 모든 의지를 사로잡아 "하나님 아는 것을 대적하여 높아진 것을 다 무너뜨립니다"(고후 10:5 참고). 자연인의 믿음은 귀신들에게도 있습니다. 즉 귀신들은 하나님의 공의와 자신의 죄를 정확히 알고 있지만 그들의 의지는 하나님의 공의에

순종하지 않고 오히려 역행하며 자신들의 고통을 가중시킵니다. 이처럼 자연인의 믿음 속에도 순종하는 것이 없습니다. 자연인의 믿음은 이교도 안에도 있습니다. 얼마나 많은 사람이 이교도의 믿음으로 만족하며 삽니까! 오죽하면 하나님께서 그분의 할례 받은 백성을 소돔과 고모라로 부르셨겠습니까(사 1:10 참고). 그뿐만 아니라 그들을 구스 족속으로 부르셨습니다(암 9:7 참고). 즉 그들 안에는 미개한 이교도 이상의 믿음이 없었던 것입니다. 자신을 그리스도인이라고 믿는 대부분의 사람의 믿음도 이교도의 믿음보다 나을 게 없습니다. 왜냐하면 그들은 그리스도를 중보자로 믿지 않기 때문입니다. 본성적으로 틀에 박힌 믿음을 소유하고 있을 뿐, 조금도 복음에 부합하는 믿음이 없습니다. 하지만 바로 이 문제가 다음의 세 번째 질문을 말끔히 정리해 줍니다.

셋째. 기적을 일으키는 믿음의 힘은 무엇인가?

세 번째 질문은 이것입니다. '이 믿음에 어떤 힘이 있기에 그리스도의 기적을 불러일으켰는가?' 대답은 아래와 같습니다.

주장 1 종종 기적이 일어난 경우에 믿음만 부각되곤 합니다. 하지만 여기 두 맹인에게 기적을 일으키시려고 그리스도께서 요구하신 것이 한 가지 더 있습니다. 저는 오직 믿음만으로 기적을 일으킨 많은 사람의 역사를 부인하지 않습니다. 그들은 그리스도의 이름으로 예언도 하고 귀신도 쫓아냈습니다(마 7:22-23 참고).

하지만 도저히 의구심을 떨쳐버릴 수 없는 것이 있습니다. 즉 그리스도의 이름으로 설교하거나 기적을 일으키는 모든 역사에 대한 것입니다. 이들 역시 한결같이 기적을 일으키는 데 하나님의 전능하심을 믿는 믿음을 내세웁니다. 심지어 회심하지 않은 설교자들도 탁월한 하나님의 은사(헬라어로 카리스마charisma)를 자랑하며 자신의 능력을 내세우거나 설교합니다. 저는 과연 이들이 주장하는 믿음이 예나 지금이나 하나님께서 지지해주시는 믿음인지 심히 의심스럽습니다.

물론 이 두 맹인에게 그리스도께서 일으키신 기적은 믿음으로 된 것이었습니다. 하지만 그리스도께서 인류의 중보자시며 약속된 세상의 구세주라는 믿음 없이 단지 주 예수님께서 기적을 일으키실 수 있다는 믿음 하나만 있었다고 보기는 어렵습니다. 제가 볼 때 그리스도께서 요구하신 믿음은 이 두 가지 사실을 모두 포함한 것이었습니다. 이로써 드러나는 것은, 맹인들이 과연 이 모든 것을 믿었냐는 것은 별개의 문제로, 그리스도께서 요구하신 믿음은 모두 다름 아닌 구원하는 믿음이었다는 것입니다. 왜냐하면 그리스도께서는 "네 믿음이 너를 구원하였느니라."(눅 17:19; 눅 18:42 참고)고 말씀하셨기 때문입니다. 이 믿음은 마가복음 9장 23-24절의 기적 사건에 나오는 구원하는 믿음과 같진 않습니다. 귀신 들린 아이의 아버지는 그리스도께서 대답하신 것에 눈물로 울부짖으며 다음과 같이 외쳤기 때문입니다. "내가 믿나이다 나의 믿음 없는 것을 도와주소서." 하지만 두 맹인의 믿음은 구원하는 믿음이었습니다. 그러므로 그리스도께서 요구하신 기적을 일으키는 믿음은 그리스도를 중보자로 믿는 믿음입니다. 그리고 이것은 택함 받은 자의 믿음입니다.

주장 2 따라서 두 번째 주장은 성도들의 구원을 이루는

믿음의 역사에 관한 것입니다. 기적의 역사는 사실,

첫째, 주님께서 친히 자신을 믿게 만드시는 것입니다. 예수님께서 귀신들린 아이의 아버지한테 말씀하셨습니다. "할 수 있거든이 무슨 말이냐 믿는 자에게는 능히 하지 못할 일이 없느니라"(막 9:23). "또한 믿어 약속의 성령으로 인치심을 받았으니"(엡 1:13).

둘째, 믿음의 역사는 참으로 영적인 방식으로 일어납니다. 믿음은 그리스도의 의를 굳게 붙듭니다. 그리고 의인은 믿음으로 말미암아 살 것입니다. 믿음으로 여리고 성이 함락됐습니다. 하지만 믿음의 선조들이 이런 큰일을 더 많이 이룰 때(히브리서 11장 참고) 믿음은 같은 방식으로 한 번만 발휘되지 않았습니다. 왜냐하면,

1) 하나님께서 어떤 일을 하실 때 믿음은 하나의 행동으로 발휘되지만, 신자가 어떤 일을 할 때는 또 다른 믿음을 발휘하기도 했습니다. 히브리서 11장 33절이 보여주듯이 믿음으로 그들은 다니엘의 경우처럼 "사자들의 입을

막기도 하며", 세 아이가 한 것처럼 "불의 세력을 멸하기도 하며"(34절), "여자들은 자기의 죽은 자들을 부활로 받아들이기도" 했습니다(35절). 이렇듯 이들은 하나님께서 이 모든 일을 하실 줄 믿었습니다. 하지만 그렇다고 가만히 앉아 믿는다고만 하는 것은 믿음이 아닙니다. 어떤 사람이 사업을 시작하기 위해 자신이 할 사업을 해본 믿음직한 친구들을 신뢰할 때 그는 그저 가만있지 않았습니다. 이로써 믿음은 사자의 입을 막거나 불의 세력을 멸하거나 죽은 자를 일으키는 물리적 힘이 없다는 것이 확실해졌습니다. 이 모든 일은 오직 전능자께서만 하실 수 있는 일입니다. 저는 오직 하나님께서만 그분의 전능하심으로 값없는 은혜를 베푸시고 불의한 자를 의롭게 하실 수 있다는 것을 믿습니다. 믿음은 그런 큰 역사를 이루는데 물리적 영향력이 없습니다. 다만 믿음은 주님께서 요구하시는 상태인 것입니다.

2) 히브리서 11장 7절은, "믿음으로 노아는 아직 보이지 않는 일에 경고하심을 받아 경외함으로 방주를 준비하여 그 집을 구원하였으니"라고 말씀합니다. 여기서 믿음은

또 다른 행동입니다. 즉 도덕적이고 설득력 있는 힘을 갖추고 있는 것입니다. 왜냐하면 노아는 세상에 심판이 임할 것을 믿었기 때문입니다. 그 심판은 눈으로 볼 수 없었습니다. 하지만 믿음은 노아가 방주를 짓도록 효력 있게 역사하여 그의 동기를 움직였습니다. 8절에서 말씀하는 내용도 마찬가지입니다. "믿음으로 아브라함은 부르심을 받았을 때에 순종하여 장래의 유업으로 받을 땅에 나아갈새 갈 바를 알지 못하고 나아갔으며." 24절과 25절도 같습니다. "믿음으로 모세는 장성하여 바로의 공주의 아들이라 칭함 받기를 거절하고 도리어 하나님의 백성과 함께 고난 받기를 잠시 죄악의 낙을 누리는 것보다 더 좋아하고."

3) 믿음은 지식의 빛과 영향력으로 말미암아 발휘됩니다. 22절에서 말씀하는 것과 같습니다. "믿음으로 요셉은 임종 시에 이스라엘 자손들이 떠날 것을 말하고 또 자기 뼈를 위하여 명하였으며." 요셉은 하나님께서 계시해주신 예언의 빛을 통해 앞날을 내다보고 믿음을 발휘한 것입니다.

4) 믿음은 그리스도를 믿음의 대상으로 삼고 그리스도를 영접합니다. "영접하는 자 곧 그 이름을 믿는 자들에게는 하나님의 자녀가 되는 권세를 주셨으니"(요 1:12). 그리스도를 영접한 이들은 과연 어떤 자들이었습니까? 그리스도께서는 분명하게 "곧 그 이름을 믿는 자들"이라고 말씀해주셨습니다. 그렇듯 그리스도를 영접하는 것은 믿음의 독특하고 본질적인 역사입니다. 의롭게 되는 것이 모두 믿음으로 이루어집니다. 왜냐하면 죄인이 주 예수님을 어떻게 하면 믿어볼 수 있을까 수도 없이 생각하고 애쓸지라도 결국, 그리스도를 영접하게 되는 것은 오직 하나님께서 주시는 믿음으로 되기 때문입니다.

첫째, 믿는 것은 그리스도를 남편으로 받아들이는 데 동의하고 그분과 결혼하는 것입니다.

둘째, 또한 여러분이 파산하여 빚을 갚을 수 없는 빈궁한 상태에서 그리스도의 필요성을 느끼고 그리스도께서 여러분의 빚을 지불하실 수 있는 보증이 되신다고 믿고 영접하는 것입니다.

셋째, 여러분의 죄로 말미암아 양심을 통해 저주를 선고 받은 위험한 상태에서 그리스도를 대언자로 영접하는 것입니다. 우리가 죄를 지었을 때 우리의 대언자이신 그리스도께서 계십니다(소유하고 있습니다. 또는 누리고 있습니다. 요일 2:1 참고). 하지만 하나님과 화목 된 상태라는 전제가 있어야 합니다. 왜냐하면 대언자는 아무 불의가 없는 자를 변호해줘야 하기 때문입니다 - 그렇지 않다면 죄지은 불의한 자를 변호하는 일이 될 테니 말입니다. "뭐라고요! 아무 죄도 안 지은 자라고요?" 그렇습니다. 하지만 그리스도께서는 죄가 있는데 죄 없다고 변호하시거나 정죄할 죄가 없다고 하실 분이 아니십니다. 마귀와 양심은 정죄 받았다가 죄 사함 받은 죄인에게 단 하나의 트집도 잡지 못합니다. 그리스도께서 바로 그런 자를 위해 변호하신다는 것은 의문의 여지가 없습니다. 때로 그리스도께서는 신자가 죄짓는 것을 허용하시기도 합니다. 하지만 신자가 죄지은 것을 부인하지 못할 때 율법으로 정죄 받게 될지는 더 이상 거론되지 않을 것입니다. 이제는 그리스도께서 의롭게 된 자가 정죄 받지 못하도록 변호해주십니다. 왜냐하면 보증이 되신 그리스도께서 이미 그 사람을 위해 대신 정죄 받으셨기 때문입니다. 죄인이 이런 사실을 믿을 때 그는 그리스도를 자신의 대언자로 영접하게 되는 것입니다.

넷째, 죄인은 지옥에 갈 위험한 상태에 있으므로 그는 그리스도를 자신의 반석으로 믿고 영접한 것입니다. 그러므로 물에 빠져 거의 익사하게 된 사람은 물 밖으로 솟아오른 반석이신 분을 믿습니다. 또한 그 반석을 피난처로 영접하고 받아들입니다. 사람을 죽인 자가 도피성을 방어 장소로 알고 믿을 때 그의 생명을 노리는 자들이 추격해서 그 강력한 성의 꼭대기에서 붙잡아도 그는 그 도피성에서 안심할 수 있는 것입니다.

다섯째, 죄인은 의로우신 분의 무서운 심판을 받을 위험한 상태에 있으므로 그리스도를 자신의 의(義)로 받아들입니다. 그러면 비록 그가 죄지은 죄인일 뿐만 아니라 잃어버린 죄인일지라도 구세주의 고난을 의지할 수 있게 됩니다. 그래서 그리스도를 영접하게 됩니다.

요약하면,

먼저, 그리스도께서 남편이 되셨다는 것을 생각하십시오.

둘째, 그리스도께서 파산한 죄인의 보증이 되셨다는 것을 생각하십시오.

셋째, 그리스도께서 대언자가 되셔서 불경건했던 신자를 누구도 정죄하지 못합니다.

넷째, 물에 빠지거나 쫓기는 자 같은 죄인에게 그리스도께서 반석과 요새가 되십니다.

다섯째, 죄책이 있는 죄인을 위해 그리스도께서 고난받으셨으므로 죄책의 문제가 해결되었습니다.

그러므로 이렇게 의롭게 하는 믿음의 모든 행위는 바로 그리스도를 영접하고 붙잡는 것으로 구성되어 있습니다.

주장 3 여기서 그리스도께서 요구하신 믿음은 기적의 준비 단계였습니다. 사람들이 그리스도의 전능하신 능력을 찬양했지만 그분은 결코 임의로 자비를 베푸시지 않으셨습니다. 왜냐하면 "그들이 믿지 않음으로 말미암아 거기서 많은 능력을 행하지 아니하"셨기 때문입니다(마 13:58). 하지만 그들이 믿지 않은 것을 그리스도께서 기적을 행하지 않으신 유일한 이유로 생각해선 안 됩니다. 물론 믿었다면 기적을 행하셨을 것입니다. 복음서는 이미 그런 일을 수도 없이 확증하고 있습니다. 우리가 믿는다면 하나님께서는 우리를 위해 더 위대하신 일을 하실 것입니다. 우리에게 더 큰 믿음이 있다면 하나님과 그분의 영광을 더 많이 보고 누릴 것입니다(요 11:40 참고). 또한 우리가 받은 것보다 더 많은 영적 호의를 받을 것입니다. 마찬가지로 우리의 구원을 이루시는 전능하신 분의 기적의 역사는 지금도 계속되고 있습니다. 그러므로 우리는 믿음으로 모든 기적을 바랄 수 있는 것입니다.

하나님께서 우리를 위해 홍해를 가르시지 않아도 마른 땅으로 지나갈 수 있지만, 우리가 믿을 수 있다면 거대한 해협 속에 있어도 같은 구원을 보게 될 것입니다. 현재 우리가 거하는 이 땅에 약속된 가나안이 없을지라도 우리는 믿으며 종내 하나님의 안식에 들어갈 것입니다. 우리가 이미 상속받은 나라는 영원한 임마누엘의 나라입니다. 그 나라는 하나님의 위로와 비전으로 충만합니다. 여호수아의 날처럼 우리가 대적을 이길 때까지 태양이 한 번에 이틀을 계속해서 비추고 있진 않지만 우리가 믿는다면 물이 바다를 덮음같이 온 세상이 주님을 아는 지식으로 충만한 가운데 영광스러운 유대인과 이방인의 새 교회의 모습을 보게 될 것입니다. 그리고 복음의 달빛이 태양빛처럼 되어 결코 빛이 사라지지 않는 날이 계속될 것입니다.

하나님께서 아직 마른 지팡이에 싹을 내지 않으시고 반석에서 물을 내지 않으셨지만 우리는 복음을 통해 그 같은 경이로움의 진수와 아름다움을 보았습니다. 그것은 야생화처럼 광야에 핀 꽃과 같습니다. 또한 앞을 보지 못한 사람이 그리스도의 지식의 빛을 받아 샤론의 장미 같고 레바논의 영광이 된 것을 보았습니다. 하나님의 지식이 주는 맛이 얼마나 달콤하고 향긋합니까. 우리가 현재 산을 옮기지 못할지라도 우리가 기도하고 믿는다면 거대한 적그리스도와 이 땅의 산들이, 즉 적그리스도와 손잡은 황제와 왕과 세상의 권력이 바다 밑바닥까지 납작해질 것입니다.

그리스도께서는 천국의 달콤한 벌집입니다. 그러므로 그리스도로부터 덕과 은혜가 항상 끊이지 않고 쏟아집니다. 그렇습니다. 풍성하게 쏟아집니다. 그리스도께서는 지금도 꿀과 새 포도주를 부어주시고 의로운 비를 내려주십니다. 믿으십시오. 그리고 그분의 은혜를 받으십시오. 세상

끝 날에 그리스도께서는 자신을 강물처럼 흘려보내 모든 나라에 부어주실 것입니다. 우리는 그리스도께서 이 땅에 계실 때 기적을 베푸셨던 그때처럼 그리스도의 사역과 고귀하신 행동을 잊어버려선 안 됩니다. 오히려 우리는 하나님 앞에서 믿음으로 일관해야 할 것입니다. 그럴 때 하나님의 더 큰 일을 보게 될 것입니다. 우리가 그리스도께서 이미 이루신 구원의 기적을 볼 때마다 그분의 자비로우신 사역과 은혜의 경이로움은 우리를 가장 크게 감동시킵니다. 하나님께서 그분의 백성을 애굽과 바벨론에서 구원하셨을 때 이루신 기적은 그들로 하여금 열매를 맺게 했습니다. "내가 그들에게 복을 내리고 내 산 사방에 복을 내리며 때를 따라 소낙비를 내리되 복된 소낙비를 내리리라"(겔 34:26). 뒤이은 말씀이 무엇입니까? "그리한즉 밭에 나무가 열매를 맺으며 땅이 그 소산을 내리니 그들이 그 땅에서 평안할지라 내가 그들의 멍에의 나무를 꺾고 그들을 종으로 삼은 자의 손에서 그들을 건져낸 후에 내가 여호와인 줄을 그들이 알겠고"(27절). "내 백성들아 내가 너희 무덤을 열고 너희로 거기에서 나오게 한즉 너희는 내가 여호와인 줄을 알리라 내가 또 내 영을 너희 속에 두어 너희가 살아나게 하고"(겔

37:13). 그러므로 주님께서 우리에게 어떤 일을 하시기 전에 믿음을 요구하셔도 시작이 좋다고 해서 반드시 모든 역사가 이루어지는 것이 아니고, 우리에게 이루신 전능하신 은혜의 역사에 그리스도를 제한시켜서도 안 될 것입니다.

믿음 자체가 이점은 없어도, 믿는 것은 우리의 의무이자 그리스도와 그분의 보물함을 여는 유일한 도구입니다. 우리는 그리스도 가까이에 있습니다. 그분은 자신의 자녀에게 은혜의 소낙비를 내려주실 구름이십니다. 우리는 마른 양털에 불과합니다. 그리스도에게서 풍성한 구원의 젖을 짜낼 믿음이 우리에게 없습니다. 영혼이 천국의 생명 강가에 있어도 불신앙으로 가득하다면 그는 뿌리부터 말라 시들어버릴 것입니다. 그런가 하면, 지옥에 있는 영혼이 믿음으로 충만하다면 그리스도에게서 물을 길러 천국의 기름진 것으로 만족하게 될 것입니다. 이렇듯 믿음 자체는 이런 일을 일으킬만한 이점이나 공로가 되지 못하지만 그리스도의 도구가 되어 모든 복을 불러오게 되는 것입니다.

그러므로 그리스도께서 우선으로 요구하신 것은 믿음입니다. 믿지 않으면 그리스도의 손을 묶는 것이나 다름없습니다.

가. 그리스도께서 가장 먼저 보신 것이 믿음입니다. "침상에 누운 중풍병자를 사람들이 데리고 오거늘 예수께서 그들의 믿음을 보시고 중풍병자에게 이르시되 작은 자야 안심하라 네 죄 사함을 받았느니라"(마 9:2).

나. 그리스도께서 이스라엘에게 구하신 것도 믿음이었습니다. "이스라엘 중 아무에게서도 이만한 믿음을 보지 못하였노라"(마 8:10). 여기서 요구하신 것도 믿음이었습니다. "내가 능히 이 일 할 줄을 믿느냐?" 또한 다른 맹인에게도 이처럼 말씀하셨습니다. "네가 인자를 믿느냐"(요 9:35).

다. 성령님께서 처음 오셨을 때 하신 일은 "죄에 대하여 책망"하신 것이었습니다(요 16:8-9 참고). 왜 그러셨습니까? 무슨 죄 때문입니까? "죄에 대하여라 함은 그들이 나를 믿지 아니함이요."

라. 그리스도께서 유대인의 완악한 마음을 내버려 두셨습니다. "너희가 만일 내가 그인 줄 믿지 아니하면 너희 죄 가운데서 죽으리라"(요 8:24). 불신앙은 그리스도와 천국을

우습게 보고 거부하는 것입니다(요 5:40; 3:18, 36 참고).

이제 세상에서 믿음은 희귀합니다. 새 빛이 모든 영광 가운데 임해도 믿음은 자랑할 것이 못 됩니다. 하지만 믿음이 곧 새 빛은 아닙니다. 믿음은 의로운 아벨이 하나님께 희생 제물을 드렸던 때만큼 오래된 것입니다. 아벨은 믿음으로 드렸습니다(히 11:4). 오늘날 믿음은 인기가 없습니다. 그래도 그리스도께서 세상을 심판하시러 다시 오실 때(왜냐하면 그때는 이 땅이 불의로 가득할 것이므로) 가장 먼저 다음과 같이 물어보실 것입니다. "그러나 인자가 올 때에 세상에서 믿음을 보겠느냐"(눅 18:8). 그때가 이 세상의 마지막 황혼기가 될 것입니다.

믿음은 사랑으로 발휘되지만 우리는 세상에서 냉랭하기만 합니다. 그래서 우리에게 있는 믿음이 열매를 맺지 못합니다. 과부가 정의를 찾아볼 수 없는 사이, 불신앙으로 인한 신성모독과 무신론과 불의와 압제가 증가합니다. 야고보가 볼 수 없었던 것이 바로 믿음이었습니다. "나는 행함으로 내 믿음을 네게 보이리라"(약 2:18).

1) 그리스도께서 믿음의 사역과 그것에 수반되는 요구사항들을 모두 이루어주십니다. 왜냐하면 그리스도 외에 그것을 이루실 분이 없기 때문입니다. 그것들은 모두 그리스도께 속한 것이기 때문에 친히 직접 이루어주시는 것입니다.

2) 다른 어떤 은혜가 있더라도 믿음 자체는 아무런 위치를 갖지 못합니다. 그렇습니다. 믿음은 아무것도 아닌 단지 가난한 자가 내미는 그릇 같은 것입니다. 그러므로 그 그릇을 자랑으로 여기면 안 됩니다. 황금을 받는 거지의 손이 주는 자보다 높을 수 없듯이 말입니다.

3) 하나님께서는 종종 초라하고 볼품없고 거의 죽은 것 같은 믿음을 통해 많은 것을 주십니다. 그래서 그런 믿음으로 산을 옮기고, 겨자씨 하나보다 나을 것 없는 그런 믿음으로 위대한 일을 하게 되는 것입니다. 그래도 믿음은 지극히 높으시고 위대하신 주 예수님께 그 가치를 내세우지 못합니다. 그런데도 영원을 상속받으신 예수님께서 친히 그분의 옷자락을 만질 수 있는 믿음에 자신을 선

물로 내주십니다.

4) 흔한 일이지만, 믿음은 없고 온통 하나님에 대한 적대감으로 가득한 곳에서도 하나님께서는 자비를 보이시고 자신의 이름을 위해 역사하십니다. 영원한 구원은 돈이나 값을 주고 이뤄지지 않습니다. 천국에 들어가기 위해 어떤 공로도 내세우지 못합니다. 사람이나 천사도 구원할 수 없습니다. 오직 그리스도의 공로로 구원받습니다. 사람과 천사에게 주신 천국에는 은혜의 바다가 있지만, 그 바다에는 단 한 방울의 공로나 자랑도 섞이지 않았습니다. 천국에서 그들은 모두 종이요, 아들이지만 값을 지불했거나 내세울 공로가 있는 사람은 아무도 없습니다. 여러분은 믿음을 공로 삼아 거래할 수 없습니다. 천국에 믿음으로 거래해서 들어온 자는 아무도 없습니다. 모두 구속받은 포로입니다. 모두 눈에 가득 고인 눈물로 거지 옷을 입고 천국에 들어온 자들입니다. 그래서 모두 오직 하나님을 높일 뿐입니다. 그러므로 은혜는 천국에서 소유하고 있는 고귀한 보유물입니다.

5

두 맹인의 신앙 고백

5장

두 맹인의 신앙 고백

본문에서 다섯 번째로 살펴볼 내용은 두 맹인의 믿음의 고백입니다. "주여 그러하오이다." 이 고백에서 다음의 내용을 볼 수 있습니다.

첫째. 그들이 믿음에 반응하는 감각과 지식.

둘째. 그들의 믿음의 순수성과 경건.

그리스도께서 그들의 눈을 만지실 뿐만 아니라 말씀까지 하셨지만 그들 중 누구도 만져달라거나 어떤 말씀을 요구하지 않았습니다. 그저 단순한 고백만 있었습니다. "주여 그러하오이다." 그들이 그리스도와 그분의 지혜에 반응해서 말한 그 방식과 상태 - "주여 그러하오이다."

첫째. 믿음에 반응하는 감각

먼저 손을 대셨습니다. 그런 뒤에 두 맹인의 믿음의 고백이 뒤따랐습니다. 교리는 이것입니다. 성도는 자신에게 구원하는 은혜와 신앙이 있는지 확신할 수 있다는 것입니다. 그래서 대담하게 확신을 갖고 그리스도의 면전에서 다음과 같이 말할 수 있습니다. "주여, 그러하오이다. 우리에게 구원하는 은혜가 있습니다, 주님." 말 못 하게 귀신 들린 아이의 아버지도 고백했습니다. "내가 믿나이다"(막 9:24). 도마도 직감으로 그리스도이심을 깨닫고 외쳤습니다. "나의 주님이시요 나의 하나님이시니이다"(요 20:28). "이 모든 일이 우리에게 임하였으나 우리가 주를 잊지 아니하며 주의 언약을 어기지 아니하였나이다"(시 44:17). "이는 우리의 하나님이시라 우리가 그를 기다렸으니"(사 25:9).

1. 구원하는 은혜가 자궁 속에 있는 아이의 뼈같이 자라고, 바람이 임의로 불어 우리가 그 이동하는 방향을 모른다

해도 누구도 자신에게 구원하는 은혜가 있는지 없는지 자각하거나 알지 못한 채 영광의 나라에 들어가는 일은 없습니다. 수많은 사람이 영적 잠에 빠져 지옥으로 가고 있습니다. 그들은 일어나도 깬 것이 아닙니다. 그들은 자신의 죄와 죄책과 하나님의 진노의 무게가 어떠한지 모릅니다. 하지만 천국으로 가는 중인 사람(저는 다음 세대에 대해 말하고 있습니다)은 깨어있는 사람입니다. 이들은 어느 정도는 하나님 은혜의 무게를 짐작할 수 있습니다. 이따금 그리스도께서 역사하실 때 감미로운 아름다움과 사랑의 멜로디가 들리기도 합니다. 그리스도께서 영혼 속에서 그런 달콤하고 기분 좋은 최고의 소리를 만드셔서 음악처럼 물결치게 하시기 때문입니다. 그것을 통해 그리스도께서 내 안에 계심을 알게 됩니다. 저는 성령님께서 영혼 안에서 움직이시고 활동하실 때 나는 소리가 클 때도 있고 아주 미세할 때도 있다는 것을 인정합니다. 그래서인지 우리는 종종 영혼 안에서 그리스도께서 나눠주시는 것을 잘 깨닫지 못합니다. 그런 소리가 매우 낮아지면 우리 속으로 처음 걸어 들어오시던 그리스도께서 아직도 계신지 분별할 수 없습니다. 하나님께서 말씀하시는데 우리는 엘리처럼 하나님이 아니라고 생각합니다. 그리스도께서 말씀하시는데 우리는 그분을 동산지기로 생각합니다(요 20:15 참고).

2. 또 어떤 때는 그리스도께서 당신을 너무 충만히 나타내셔서 우리는 그 속에 빠져 허우적대기도 합니다. 감각을 넘어선 상황에서 대체 무슨 일이 일어난 건지 표현하지도 못합니다. 마치 누가복음 9장에서 베드로가 예수님께서 변모하시자 거의 천국에 있는 자가 된 것처럼 말입니다. 베드로는 영광스러운 광경이 주는 기쁨에 온통 취하고 흠뻑 빠진 나머지 도무지 그 상태에서 헤어 나올 줄 몰랐습니다. 그는 대체 무슨 일이 일어났는지 알지 못한 채 말했습니다(33절).

3. 우리의 부주의와 둔함으로 그리스도의 빛과 성령님께서 조명해주시는 것을 올바로 지각하지 못합니다. 야곱은 꿈에서 하늘에 오르는 사다리를 보았고 천사들이 그 사다리로 오르내리는 것도 보았습니다. 그가 자는 가운데 하나님께서는 영광스러운 방식으로 자신을 나타내셨습니다. "나는 여호와니 너의 조부 아브라함의 하나님이요 … 내가

너와 함께 있어 … 너를 떠나지 아니하리라”(창 28:13, 15). 이 모든 일이 일어나는 동안에도 야곱은 실상을 알지 못했습니다. “야곱이 잠이 깨어 이르되 여호와께서 과연 여기 계시거늘 내가 알지 못하였”습니다(16절).

4. 감정과 마음이 각성되면 그리스도를 알아보고 잠자던 영혼의 마음속에서 그분을 향한 사랑이 불타오릅니다(아 5:1 참고). 지각이 각성되지 않으면 사랑스러운 그리스도의 노크 소리도 듣지 못합니다. 그리스도께서 부드럽게 자신을 보이시며 두 제자와 대화하실 때 그들의 심령이 뜨거워졌습니다(눅 24:32 참고). 하지만 그들은 그리스도를 알아보지 못했습니다(16절). “그들의 눈이 가리어져서 그인 줄 알아보지 못하거늘.” 심지어 글로바도 그리스도를 예루살렘에 체류하는 나그네로 보았습니다(18절).

5. 우리는 타락한 본성의 무지와 교만으로 인해 그렇게 달콤하고 황홀한 체험을 해도 도무지 바닥까지 낮아질 줄 모릅니다. 바울은 하나님의 궁정까지 올라가 하나님께서 보여주시는 복음의 광경을 보았습니다. 그러나 곧 마귀가

바울이 낮아지도록 그를 괴롭히게 되었습니다(고후 12:1-5 참고). 바울이 이 사탄의 가시를 없애주시기를 세 번이나 간구했지만(7-8절), 하나님께서 그에게 주신 응답은 - 은혜의 부정적인 면에서 절반은 거절의 의미로 - "내 은혜가 네게 족하도다."였습니다(9절). 이로써 분명히 알 수 있는 것은, 주님께서 바울에게 많은 것을 알려주시기 전까지 바울은 자신이 받은 큰 계시 때문에 한순간에 자만해질 위험에 놓였다는 것을 몰랐다는 것입니다.

6. 그리스도께서 영광 가운데 자신의 아름다우심을 요한에게 비춰주시자 요한은 무서운 나머지 어리석게도 다음의 세 가지 사실을 잊었습니다 — (a) 영원하심 (b) 죽으심 (c) 그리스도의 승리하심과 부활하심. 요한은 그리스도께서 그의 이마에 손을 대시고 다음과 같이 말씀하실 때까지 무서움 때문에 당황하여 그리스도의 발 앞에 죽은 자처럼 엎드러졌습니다. "두려워하지 말라 — 너의 친구들처럼 나를 알아보지 못하는 실수를 하지 마라 — 나는 처음이요 마지막이니 곧 살아 있는 자라 내가 전에 죽었었노라 이제 세세토록 살아 있어"(계 1:17-18).

7. 우리는 종종 자신이 어떤 상태인지 파악하지 못합니다. "내가 주의 목전에서 쫓겨났을지라도"(욘 2:4 참고). 그래서 그리스도를 중상하기도 합니다. "하나님이 그가 베푸실 은혜를 잊으셨는가"(시 77:9 참고). 이런 일은 어떤 큰 죄나 유기된 상태에서 비롯되기도 합니다.

둘째. 그들의 믿음의 순수성과 경건

성도들은 야곱처럼 자신이 체험한 하나님의 역사를 진술합니다. "여호와여 나는 주의 구원을 기다리나이다"(창 49:18). 한나는 "내 마음이 여호와로 말미암아 즐거워하며 내 뿔이 여호와로 말미암아 높아졌으며"라고 말했습니다(삼상 2:1).

욥은 다음과 같은 판결을 자신에게 내렸습니다. "내 발이 그의 걸음을 바로 따랐으며 내가 그의 길을 지켜 치우치지 아니하였고 내가 그의 입술의 명령을 어기지 아니하고 정한 음식보다 그의 입의 말씀을 귀히 여겼도다"(욥 23:11-12).

다윗은 여러 시편에서 다음과 같이 고백했습니다. "나의 영혼이 주를 가까이 따르니"(시 63:8). "주의 말씀의 맛이 내게 어찌 그리 단지요 내 입에 꿀보다 더 다니이다”(시 119:103). “여호와여 내 마음이 교만하지 아니하고 내 눈이 오만하지 아니하오며 … 내 영혼이 젖 뗀 아이와 같도다”(시 131:1-2).

신부는 다음과 같이 진술합니다. “내가 그 그늘에 앉아서 심히 기뻐하였고 그 열매는 내 입에 달았도다 그가 나를 인도하여 잔칫집에 들어갔으니 그 사랑은 내 위에 깃발이로구나 너희는 건포도로 내 힘을 돕고 사과로 나를 시원하게 하라 내가 사랑하므로 병이 생겼음이라”(아 2:3-5). 이 같은 표현은 아가서에 많이 있습니다. 아가서 3장 1-6절도 비슷한 내용입니다. 바울은 “그런즉 이제는 내가 사는 것이 아니요 오직 내 안에 그리스도께서 사시는 것이라 이제 내가 육체 가운데 사는 것은 나를 사랑하사 나를 위하여 자기 자신을 버리신 하나님의 아들을 믿는 믿음 안에서 사는 것이라”고 말했습니다(갈 2:20).

바울이 성도들에게 진술한 내용처럼 감정은 종종 말로 표현해야 할 때가 있습니다. “우리가 … 하나님의 영광을 바라고 즐거워하느니라 소망이 우리를 부끄럽게 하지 아니함은 우리에게 주신 성령으로 말미암아 하나님의 사랑이 우리 마음에 부은 바 됨이니"(롬 5:2, 5). "우리가 세상에서 특별히 너희에 대하여 하나님의 거룩함과 진실함으로 행하되 육체의 지혜로 하지 아니하고 하나님의 은혜로 행함은 우리 양심이 증언하는 바니 이것이 우리의 자랑이라"(고후 1:12).

교황주의자의 오류는 은혜의 상태를 알거나 확신하는 것은 교만이며 겸손이 아니라고 말하는 데 있습니다. 그런 내용 모두 있을 법한 얘기도 못 되고 억측과 확률에 근거한 것이며, 그렇지 않다면 보기 좋은 외관에 불과할 뿐이라고 말합니다. 하지만 무엇보다 하나님의 영은 겸손의 영이십니다. "우리가 세상의 영을 받지 아니하고 오직 하나님으로부터 온 영을 받았으니 이는 우리로 하여금 하나님께서 우리에게 은혜로 주신 것들을 알게 하려 하심이라"(고전 2:12). 둘째, 하나님의 영께서 증언해주시는 것은 사실에 가까운 그럴싸한 거짓이 아니고 억측이나 확률에 불과한 환상도 아닙니다. 절대 아닙니다. "성령이 친히 우리의 영과 더불어 우리가 하나님의 자녀인 것을 증언하시나니"(롬 8:16). 우리의 상태를 진술하거나 양자의 영이 증언해주시는 것은 근거 없는 행위에 불과한 것이 아닙니다. 바울도 이 주제에 대해 다음같이 말씀하지 않았습니까. "내가 확신하노니 사망이나 생명이나 천사들이나 권세자들이나 현재 일이나 장래 일이나 능력이나 높음이나 깊음이나 다른 어떤 피조물이라도 우리를 우리 주 그리스도 예수 안에 있는 하나님의 사랑에서 끊을 수 없으리라"(롬 8:38-39). 이것이 바로 결정적인 확실한 말씀입니다. 교회의 주인 되신 그리스도께서 친히 확증하셨습니다. 여기에 믿음의 승리가 있고 확신이 있습니다.

그러나 이런 지식은 자연인에게 의심스럽고 불가능한 내용입니다.

1. 왜냐하면 이런 지식은 초자연적이기 때문입니다. 곧바로 알 수 있는 지식보다 다소 더 고차원적이고 파악하기 힘든 것은 초자연적인 것에 대한 반응 지식입니다. 감각을 초월하는 면이 있기 때문입니다. 짐승들은 반응에 대한 지식 없이 살아갑니다. 짐승들은 보고 듣는 것을 의식하며 사는 것이 아닙니다. 작년에 먹은 풀이나 사료의 질이 어떠했는지 신경 쓰지 않습니다. 이성을 부여받은 인간도 자신

이 아는 것을 압니다. 고차원적이고 초자연적인 상태와 천국을 상속받게 되는 상태의 유무를 믿게 되는 것은 성령님의 역사입니다. 그러므로 우리가 믿거나, 믿음의 내용을 알게 되고, 일 년 전에 내가 그리스도 안에 있었음을 믿게 되는 것 역시 동일하게 성령님의 역사입니다. 자연인은 성령님으로부터 직접 오는 빛을 깨닫지 못하고 그 빛에 반응하지도 못합니다. 왜냐하면 그는 성령님을 전혀 소유하고 있지 않기 때문입니다.

2. 그리스도께서 나사로를 무덤에서 다시 살리셨음에도 사두개인은 부활을 부인했습니다. 나사로 본인은 이제 부활을 부인하지 못하게 됐는데 말입니다. 그는 죽은 자를 일으키시는 그리스도의 능력을 체험했습니다. 자연인은 성령님이나 성령님의 사역에 대해 알 수 없습니다.

3. 자연인이 은혜의 역사를 의심하는 것은 자연스러운 것입니다. 우리 모두 본성적으로 그리스도에 대한 편견이 있습니다. 우리의 본성에 있는 사악한 원리를 따라 우리는 나면서부터 구세주를 비방하는 자가 됩니다. 우리가 어떤

사람에게 큰 해를 입혀도 우리의 비뚤어진 심성은 우리가 그럴만한 일을 했다고 생각하고, 상대방 역시 용서하려 들지 않을 것입니다. 우리의 마음이 본성적으로 가진 반(反)복음의 내용은 죄는 선하고 옳으며 하나님께서는 우리를 죄에서 구원하시려 구세주를 주지 않으시리라는 것입니다. 확실히 자연인의 마음속에는 인간이 대체로 착하다는 전제가 있으므로 성육신하신 하나님께서 사랑으로 이루신 복음보다 법치정의를 더 신봉합니다. 대개 하나님의 자녀는 유혹 아래 있거나 성령님의 바람이 불지 않으면 과연 내 안에서 그리스도께서 활동하고 계시는지, 아니면 전에 내 안에서 활동하신 적이 있었는지 의심합니다. 왜냐하면 은혜의 활동을 감지하는 것이 초자연적이기 때문입니다. 많은 경우, 가장 강한 성도들도 다윗의 고백처럼 "내가 주의 목전에서 끊어졌다"고 말할 정도였습니다(시 31:22). 요나도 마찬가지였습니다(2:4 참고). 영혼이 괴로우면 "하나님이 그가 베푸실 은혜를 잊으셨는가, 노하심으로 그가 베푸실 긍휼을 그치셨는가?"라고 말하곤 합니다(시 77:9). 우리에게 가장 강력한 사랑이 있다 해도 현재 죄악 된 상태에 있다면 질투라는 질병이 따라붙어 하나님의 사랑을 오해하게 됩니다. 그렇게 되면 믿음에도 의심하는 병이 생겨 하나님의 전능하심과 값없는 은혜에 대해 잘못된 견해를 세우게 됩니다.

4. 지난날 느꼈던 성령님의 생기로 가득한 은혜와 체험이 항상 역동적인 것만은 아닙니다. 종종 구름이 끼고 잠에 빠질 때도 있으며 정반대되는 감각이 그 자리를 대신하기도 합니다. 첫째 이유는 우리가 성령님의 지배를 받지 못했기 때문입니다. 이것은 자연적 흐름이라기보다 하나님의 주권이 더 크게 작용한 결과 일어난 일입니다. 두 번째 이유로는 만개한 꽃이 폭풍을 만나 고개를 숙이고 꽃잎을 내릴 때 그렇게 되기 때문입니다. 이때 그리스도를 느끼기 힘들어집니다. 그리스도에 대한 감각이 늘 예리하고 날이 서 있지만은 않습니다. 왜냐하면 지상에 있는 천국의 꽃은 실제 반석이신 그리스도에게서 꿀을 빨아 먹는데 항상 그런 시기가 지속되지는 않기 때문입니다.

5. 은혜에 대한 감각은 마치 흰 돌에 새겨진 이름 같아서 그 이름은 아무도 모르고 오직 받는 자만 알 수 있습니다(계 2:17) - 심지어 받는자도 받기 전까지 자신의 이름을 볼 수

없습니다. 성령님께서 인 치신 비밀은(엡 1:13; 4:3 참고) 신부의 목걸이와 반지로 인봉한 사랑의 편지 속에 감춰져 있습니다. 그래서 그분의 비밀과 신비는 성도에게는 감춰진 내용입니다. 영혼 안에 보물이 감춰져 있지만 정작 본인은 느끼지 못합니다.

또한 이 사실로 성령님께서 인 치시는 증거를 폭넓게 가질 수 있다고 말하는 반율법주의를 아주 분명하고 명확히 반박할 수 있습니다. 물론 성도들이 천국에서 영원을 보내게 될 때는 다시 의심하는 일과 슬퍼하는 일이 없을 것입니다. 오히려 의의 따뜻한 빛과 광선을 실제로 누리고 느끼며 천국잔치에 참석할 것입니다. 우리는 베드로가 말씀한 것처럼 어쩔 수 없이 이 땅에서 잠깐 근심하게 되지 않을 수 없으나 오히려 크게 기뻐할 것입니다(벧전 1:6 참고). 하지만 그러한 경험이 한 번으로 그치지도 않을 뿐만 아니라 매번 같을 수도 없습니다. 반율법주의자들은 이런 다양성, 즉 하나님에 대한 감각의 퇴조와 만개 같은 것을 모릅니다. 이런 사실은 특별히 아가서 3장과 5장에서 확인할 수 있습니다. 그리스도께서 벽 뒤에서 창으로 들여다보실 때가 있는가 하면(아 2:9 참고), 그리스도께서 자신의 정원에 오셔서 꿀과 향긋한 포도주로 만찬을 여실 때가 있는 것입니다. 이때 신부가 풍성하게 차려진 천국의 사랑스럽고 우아한 만찬에 참석하는 것입니다. "그가 나를 인도하여 잔칫집에 들어갔으니 그 사랑은 내 위에 깃발이로구나"(아 2:4). "그가 왼팔로 내 머리를 고이고 오른팔로 나를 안는구나"(6절). 그리고 사랑에 빠져 상사병이 걸릴 때도 있습니다. 그때 불안한 마음에 "순찰하는 자들을 만나서 묻기를 내 마음으로 사랑하는 자를 너희가 보았느냐"(아 3:3)고 묻는 것입니다. 하나님께서 모습을 드러내시는 시기에는 겨울도 있습니다.

몇 가지 반론에 대한 대답

반론 1 : 의심하게 만드는 것은 속박의 영의 역사입니다. 이런 내용은 율법 아래 있는 자에게나 어울리는 논쟁입니다.

대답 : 그런 반론은 무의미합니다. 영혼이 옛 연인을 다시 흘끔 보았다 해서[28] 그리스도와의 혼인 관계가 이제 무조건

---

28 옛사람의 상태를 좋아한 것을 비유한 것: 옮긴이 주.

깨진 것이라고 결론짓지 못하는 것처럼, 속박된 느낌이 들었다 해서 그것을 모두 속박이나 율법의 영이 지배하거나 다스리는 것으로 주장할 순 없는 것입니다.

반론 2 : 하지만 일단 그리스도 안에 있으면 우리는 죽은 남편의 지배와 권세 아래 있는 여인(로마서 7장 참고)처럼 율법(또는 율법의 가지인 속박의 영) 아래 있지 않습니다.

대답 : 시도하려는 모든 비교를 멈추시기 바랍니다. 우리는 당연히 죽은 남편 아래 있는 여인처럼 더 이상 율법의 저주 아래 있지 않습니다. 하지만 문제 삼고 있는 것은 이것 아닙니까. "타락한 본성과 속박의 영 때문에 자신을 옥죄고 있는 율법 하나가 복음의 기반을 무너뜨려 신자가 율법의 저주를 두려워하는 공포를 느끼게 된다면? 그래서 영혼이 율법 아래 놓이게 된다면?" 결코 그런 일은 없습니다. 구속함을 받고 의롭게 된 영혼은 더 이상 율법 아래 놓일 수 없습니다. 왜냐하면 율법과 죄의 지배가 깨졌기 때문입니다. 당연히 반율법주의자들은 이런 말을 들으면 신자가 죄를 짓는다고 말할 바에는 차라리 율법과 행위 언약 아래 있는 것이 더 낫다고 할 것입니다. 아내가 남편이 죽고 나서 아

내의 의무를 하지 않을 때 그것을 부부의 도리에 어긋난다 고 한다면, 남편이 죽었어도 여전히 남편의 권리를 행사하는 것이고, 아내도 여전히 남편의 권세 아래 있다고 말할 수밖에 없습니다.

반론 3 : 신자가 율법에 대해 죽었어도 주님께서는 많든 적든 어떤 지배도 받아서는 안 된다고 하셨습니다. 그러므로 율법에 해당하는 행동을 했다면 은혜 아래 있지 않고 율법 아래 있다고 주장해야 할 것입니다.

대답 : 어디에서 율법이 신자에게 행사할 권리를 완전히 잃었다고 보증하고 있습니까? 제 생각에 율법은 신자에 대해 죽지 않았고 성령님께서도 그렇게 말씀하시지 않았습니다. 물론 바울은 "우리가 율법에 대해 죽었다."고 말씀합니다. 이 말씀은 우리가 율법의 정죄하는 능력과 엄격함에 대해 죽었다는 의미입니다. 하지만 바울은 결코 율법이 우리에 대해 죽었다고 말씀하지 않았습니다. 율법은 우리를 그리스도께 인도하는 초등교사 역할을 합니다. 율법은 죄를 깨닫게 하고, 우리를 겸손하게 만듭니다. 우리가 이생에서는 그리스도의 완전하심에(많든 적든 우리와 그리스도 사이

에 질적으로 영원한 간격이 있습니다) 도달할 수 없으며, 매일 죄를 짓기 때문입니다. 따라서 우리가 (심지어 의롭게 되고 그리스도께 나아왔어도) 죄 없다고 한다면 우리는 거짓말하는 것입니다. 그러므로 율법은 우리가 죄를 짓는 한 평생 우리를 추적하고 쫓아다니며 겸손하게 만드는 것입니다. 그러므로 (율법의 의로운 요구와 정죄에 대해) 우리가 율법에 대해 죽고, 우리가 믿고 있는 것처럼 곧바로 은혜로 말미암아 의롭게 되었어도, 우리는 남편이 죽으면 아내가 죽은 남편에게서 갈리듯이 율법에 대해서는 그렇게 되지 않습니다. 우리는 율법과 완전히 분리될 수 없습니다. 왜냐하면 우리가 사는 동안 율법은 우리의 발뒤꿈치가 되어 우리를 따라다니며 겸손하게 만들기 때문입니다. 새로운 죄에 대해서는 우리에게 강력히 항변함으로써 우리를 놀라게 하거나 이전보다 그리스도를 향해 달아나게 하고, 더 온전하게 그리스도를 추구하게 만들기 때문입니다. 또한 우리가 살면서 정도야 어떻든지 율법을 어기는 한, 율법은 부끄러운 행동을 지적하고 믿음을 통해 죄 사함 받고 새롭게 되는 일에 좋은 수단으로 작용합니다.

실제적 적용

우리는 기쁜 소식을 확신해야겠습니다. 하지만 우리가 들은 천국의 최고 소식인 죄 사함을 확신한 후에는 수고하는 일에 너무 나태해졌습니다. 우리가 이 땅에서 보유하고 있는 상속받은 나라에 대해 아홉 장을 할애한다 해도 부족할 만큼 그것에 대해 할 말과 기록된 문서와 확증하고 확인시켜 줄 것이 너무 많습니다. 천국의 모든 변호사가 조언을 해주며 그 나라가 확실히 우리의 것이 되도록 해줄 것입니다. 하지만 우리는 우리의 은혜의 자산과 그리스도 안에 있는 우리의 존재에 대한 안전장치가 미비하고 초라해도 만족하며 살고 있습니다. 우리는 규례들과 약속들과 인 쳐주신 것들과 성례들을 가볍게 여깁니다. 우리의 영적 상태가 풀어져 있으면 우리가 무엇으로 확신할 수 있겠습니까? 세상 사람도 양심을 강조하는데 정작 우리 자신은 양심을 강조하는 일에 무딘 것 같습니다. 심지어 발람도 양심에 걸리는 행동은 더 이상 하지 않고 의인 같은 모습으로 자리를 떠나지 않았습니까? 비록 발람은 두렵고 떨림으로 구원을 이루는 일에 자신의 영혼을 돌아보진 않았지만 말입니다.

두 맹인이 그리스도께 대답했습니다. "주여 그러하오이

다." 두 맹인이 고백한 믿음은 오직 그리스도의 전능하심에 의지한 것이었습니다. 그들은 나병환자처럼 말하지 않았습니다(마 8:2 참고). "주여 원하시면 제 눈을 뜨게 해주실 수 있나이다."라거나 "저에게 손대시고 기도해주십시오."라고 말하지 않았습니다. 그리스도께서 물어보신 것은 치유를 위해 그들이 그리스도의 전능하심을 단순하게 믿도록 자극하신 것이었습니다. 이에 대해 그들은 믿는다고 대답한 것입니다.

따라서 순수하고 건전한 믿음은 눈의 상태나 이유를 불문하고, 또한 수단과 상관없이 하나님의 전능하심과 값없는 은혜에 의지하는 것입니다.

따라서 건전한 믿음의 본질에 대해 다음같이 주장합니다.

주장 1 최소한만 이성에 기초하고 동요되지 않는 믿음은 가장 건전한 믿음이라고 할 수 있습니다. 이사야 8장 17절처럼 우리가 믿음의 바닥에 최소한의 자연적 이성을 가지고 믿어도 이것은 건전한 믿음이라고 할 수 있습니다. 나쁜 조짐이 보이고 사악한 동맹이 형성되고 있어도 선지자는 "이제 야곱의 집에 대하여 얼굴을 가리시는 여호와를 나는 기다리며 그를 바라보리라." 하고 말했습니다. 큰 물고기가 작은 물고기를 삼키듯 바벨론은 유다 왕국을 삼키고 묵시는 늦어지고 사람들은 구원되지 못했습니다(하박국 1장 참고). 그러나 선지자는 믿음으로 파수하는 곳에 서서 기다렸습니다. 성령님께서 바로 그 믿음을 요구하신 것입니다. "의인은 그의 믿음으로 말미암아 살리라"(합 2:4). 죽어갈 때 믿음이 생명을 유지해줍니다. 아브라함은 바랄 수 없는 중에 바라고 믿었습니다(롬 4:18 참고). 좋지 않은 상황이었습니다. 아브라함은 늙었고 사라의 자궁은 무덤같이 죽었고 퇴화하였습니다. 하지만 아브라함은 비틀거리지 않았습니다. 쓰러지지도 않았고 오히려 일어섰습니다. "약속하신 그것을 또한 능히 이루실 줄을 확신하였으니"(롬 4:21). 믿는 이유가 이성과 상황이 "그렇게 될지어다."라고 말해서 믿게 된 것이라면, 그것은 하나님보다 이성을 믿은 것입니다.

주장 2 하나님 앞에서 방법이나 수단은 최소한으로 설정하고 하나님의 위대하신 전능하심을 가장 많이 의지하는 것은 건전한 믿음입니다. 백부장의 믿음이 그랬습니다. "주여 … 말씀으로만 하옵소서 그러면 내 하인이 낫겠사옵나이다"(마 8:8 참고). 또한 가나안 여인이 본 것은 수단이 아니라 주님의 분노하심, 진노, 서글픈 거절, 무거운 책망이었지만 그녀는 믿음을 버리지 않고 오직 그리스도의 처방만 바랐습니다. "흑암 중에 행하여 - 이것이 황혼의 어둠과 여명의 빛이 섞인 것이라면 좋은 것입니다 - 빛이 없는 자라도 여호와의 이름을 의뢰하며 자기 하나님께 의지할지어다"(사 50:10 참고). 홍해는 코앞에 있고 죽음은 뒤꿈치처럼 따라붙었으며 사면이 산으로 둘러싸인 상황에서 이성은 다음과 같이 말할지 모릅니다. "이제 하나님께서 어떻게 하실까? 하나님께서 더 큰 일을 하실 수 있을까?" 하지만 모세는 "가만히 서서 여호와께서 오늘 너희를 위하여 행하시는 구원을 보라"고 말했습니다(출 14:13 참고). 모세는 "가만히 서서"라고 말하는데 사람들은 불신앙 때문에 하나님께서 그들을 위해 더 이상 하실 수 있는 것이 없는 것처럼 그분에게서 달아나고 있었습니다.

"주님께서 행하시는 구원을 보라." 어떻게 구원을 볼 수 있습니까? 그들 눈에 보이지 않는데 말입니다. 그들은 구원을 보기보다 멸망이 목전에 있을 때 애굽이 매장지가 될 것으로 생각했습니다. 어디에 구원이 있습니까? 바로 전능하신 분의 가슴에 있습니다. 주님께서 여러분을 위해 싸우실 것입니다.

주장 3 확실한 믿음은 무엇입니까? 그것은 하나님의 역사를 바랄 때 하나님을 그 역사에 합당한 수단이나 다른 어떤 요인을 갖추신 분으로 보는 것이 아닙니다. 오히려 전능하시고 무한히 자비로우신 하나님을 있는 그대로 바라보는 것입니다. 즉 성경에 계시된 모습 그대로 바라보는 것입니다. 그럴 때 그것은 확실히 믿음이라고 할 수 있습니다. 또한 그럴 때 그리스도 안에 계신 순결하신 하나님께서 우리와 가장 가깝게 계신다고 할 수 있습니다.

가. 왜냐하면 그리스도 안에 계신 하나님은 중보자로서 오직 유일하신 분이시며, 영혼의 고통과 무게를 모두 감당하실 수 있기 때문입니다. “무릇 사람을 믿으며 육신으로 그의 힘을 삼고 마음이 여호와에게서 떠난 그 사람은 저주를 받을 것이라”(렘 17:5 참고). “무릇 살아서 나를 믿는 자는 영원히 죽지 아니하리니”(요 11:26 참고). “너희는 마음에 근

심하지 말라 하나님을 믿으니 또 나를 믿으라"(요 14:1). 사라는 자신의 자궁이 죽은 상태에서 믿음으로 아이를 갖게 되었습니다. 왜냐하면 하나님만 의지했기 때문입니다. "이는 약속하신 이를 미쁘신 줄 알았음이라"(히 11:11 참고). 왜 그렇습니까? 사람을 의지하는 것이 죄입니까? 그렇습니다. 다음의 말씀이 그것을 알려주고 있습니다. "마음이 여호와에게서 떠난 그 사람은." 사람을 구세주로 신뢰하는 것은 우상숭배입니다. 이스라엘 백성이 그랬습니다. 그들은 여러 나라의 위협으로부터 그들을 지키기 위해 주님을 그들의 왕과 하나님으로서 섬기는 특별한 언약을 맺고 그 언약을 이행하기로 했습니다. 하지만 정작 바벨론과 대항해 자신을 지키겠다고 애굽과 앗수르와 언약을 맺은 것입니다.

나. 공적 대상, 즉 공인이 된 존재는 고유하고 호의적인 대상으로서, 행위나 자질이나 관행을 입증합니다. 그리스도 안에 계신 하나님께서는 믿음의 대상이십니다. 그러므로 왜 공적 대상이 아니시겠습니까? 금을 친구에게 맡기는 사람은 친구 사이가 아닌 공적인 신뢰로 금을 맡긴 것입니다. 아내를 창기로 여기고 사랑하는 것은 아내 사랑이 아닙

니다. 그가 여전히 사랑하고 있을지라도 아내가 혐오하는 자가 될 것입니다. 마찬가지로 하나님의 손에 있는 가시적인 두 번째 요인이나 수단 때문에 하나님을 믿는 사람은 하나님이 아닌 하나님께서 갖고 계신 수단이나 대상물을 믿는 것입니다.

다. 하나님을 신뢰하는 것은 하나님을 의지하는 것입니다. 또한 피조물 속에서 역사하시는 분의 권능과 효력에 나타난 영광을 인식하는 것입니다. 이는 마치 고린도전서 3장 7절의 말씀처럼 수단이 무력하고 권능도 없고 아무것도 아닌 것과 같습니다. "그런즉 심는 이나 물 주는 이는 아무것도 아니로되 오직 자라게 하시는 이는 하나님뿐이니라." 우리는 바울이나 아볼로를 거듭나게 하거나 그런 역사를 효력 있게 이루는 존재로 신뢰하지 않습니다. 다만 그들을 통해 하나님께서 그들 안에서 이루신 일의 영광과 권능과 효력만 볼 뿐입니다. 우리는 그들을 신뢰하지 않고 하나님을 신뢰합니다. 이처럼 아브라함도 아들을 가질 것을 믿고 하나님께 영광을 돌렸습니다. 자기 몸의 기능이 퇴화한 것과 사라의 죽은 자궁을 보지 않았습니다. 그보다 마치 부모님이 다 돌아가신 상황에서 하나님을 아버지로 생각하고 그 분만 바라보았습니다.

라. 광석이 별로 없어도 순수한 금속이 대부분인 금광은 훌륭한 것입니다. 믿음 안에서 성령님께서 더 많이 역사하실수록 더욱 영적인 사람이 되어 - 그것이 아주 작은 금 같은 믿음일지라도 - 하나님의 전능하심을 있는 그대로 보게 되고 오직 하나님만 바라게 됩니다. 여호사밧이 큰 협곡에서 말한 것과 같습니다. "우리 하나님이여 그들을 징벌하지 아니하시나이까 우리를 치러 오는 이 큰 무리를 우리가 대적할 능력이 없고 어떻게 할 줄도 알지 못하옵고 오직 주만 바라보나이다 하고"(대하 20:12).

마. 우리가 모든 일에 실패했어도 믿음은 구름 뒤에 계시는 하나님을 보게 합니다(욥 19:25 참고).

바. 부패한 본성이 하나님의 전능하심에 적극적으로 반대할지라도 우리는 마르다처럼 믿어야 합니다(요 11:39-40 참고). 그리고 무화과나무의 열매가 그칠지라도 "주 여호와는

나의 힘이시라."고 말해야 합니다(합 3:17). 그것이 영적 믿음입니다. 따라서 어찌 됐든 우리는 사람들을 하나님의 수중에 있는 도구로 신뢰할 수 있습니다. 즉 하나님께서는 그들을 사용하셔서 우리의 구원을 이루시거나 우리를 도우시는 것입니다. 우리가 사람들을 신뢰하지 않고 그들을 하나님보다 우선순위에 두지 않을 때 우상숭배의 죄를 짓지 않게 됩니다. 그럴 때 사람들은 하나님의 전능하신 영광을 비난하지 않고도 우리를 보며 우리를 사랑하거나 두려워하거나 경외감을 느끼기도 하고 확신과 소망을 가질 수 있습니다. 왜냐하면 하나님께서 사람들을 사용하셔서 우리를 건지시기도 하고 평안을 주시기도 하기 때문입니다. 또한 하나님께서는 언제라도 그들의 처소에서 이런 것을 깨닫게 하십니다. 또한 제가 규례들이나 말씀, 인 치심 등을 언급했는데, 경외하는 행위는 내적으로 하나님의 우월하심을 인식하거나 깨닫는 것입니다. 하나님께서는 하나님 외에 어떤 피조물도 하나님 자신을 대신해서 종교적 경외를 받는 대리자로 세우신 적이 없습니다. 즉 하나님 외에 피조물이나 사람이나 천사에게 무릎을 꿇거나 기도하는 종교적 행위나 찬양과 영광을 돌리는 외적인 종교 행위를 하도록 허용하신 적이 없습니다. 경외는 특별히 하나님의 하나님 되심을 찬양하며 높이는 행위로써 가장 우월한 것이며 모든 피조물의 최종 목표입니다. 하나님께서는 이 경외 받는 것을 다른 어떤 피조물과도 나누시지 않습니다. 그러므로 종교적 믿음이나 두려움이나 소망은 어떤 피조물도 그 근원이 될 수 없습니다.[29]

실제적 적용

가. 따라서 우리는 수단의 사용법에 대해 배우되 여전히 하나님을 신뢰해야 합니다. 그럼에도 우리는 하나님께서 흔히 우리의 요구를 채워주신다는 것을 믿어야겠습니다.

1) 포도 짜는 기구가 새 포도주를 내면 창고와 곳간은 가득 차고 식탁은 기름지며 컵은 흘러넘칩니다. 질병이 가볍고 탁월한 의사가 있으면 하나님께서 우리를 치유하실 수 있다고 믿습니다. 저는 아사가 건강은 주님의 손에 달렸음을 알고 있었다고 믿지만 그럼에도 그는 건강을 위

---

29 특별히 저자는 교황이나 가톨릭 체계를 염두에 둔 것 같습니다: 옮긴이 주.

해 주님을 찾지 않았습니다. 왜냐하면 성경은 "아사가 왕이 된 지 삼십구 년에 그의 발이 병들어 매우 위독했으나 병이 있을 때에 그가 여호와께 구하지 아니하고 의원들에게 구하였더라"(대하 16:12)고 말씀하기 때문입니다. 대개 강한 사람이 많으면 승리할 것으로 기대합니다. 우리 마음은 가히 매춘부의 마음이요 우상숭배자의 마음이라 할 만합니다. 하나님과 피조물이 함께 연합하여 역사를 이루어 나가는 것을 좀처럼 깨닫지 못합니다. 마치 창조주는 아무것도 아니고 피조물이 최고인 마냥 온통 피조물에만 마음을 쏟습니다. 그런 마음이 매춘부와 같다는 것입니다. 수단으로 뭔가 할 수 있다고 판단되면 온통 수단에만 집중합니다. 혹시 하나님께서 수단에 복 주시지 않으면 어쩌나 염려하는 마음도 없습니다. 또한 하나님께서 더 이상 자신의 영광과 언약을 생각하지 않으실 것으로 지나친 의심을 합니다. 그런 의심은 결국 우리 스스로 일을 처리하도록 만듭니다. 더 나아가 하나님께서 그리스도의 신부인 우리를 더 이상 사랑하시지 않는 것으로 생각합니다. 그 결과, 우리는 신랑에 대한 사랑을 저버리고 온통 수단의 사용에만 관심을 두게 됩니다.

2) 우리가 하나님을 신뢰하는 데 우리 믿음의 가장 크고 비중 있는 부분을 부수적인 수단들에 둘 때 그것은 우리의 손에 은밀히 입 맞추는 것이 됩니다. 그것은 태양만 바라보는 것입니다. 태양을 하나님의 수중에 있는 양초로 인식한다 해도 많은 사람이 태양을 하나님처럼 경외합니다.

3) 하지만 우리 자신이 수단이 되고 우리 인간들에게 위대함이 있다고 생각할 때, 즉 지혜나 덕, 선함, 학식 있는 관리, 매력적인 왕자들이나 힘이 우리에게 있다고 생각할 때 우리는 태양이나 달이나 모든 천계의 별들보다 더 영광스러워집니다. 그래서 천지 아래 "자아" 또는 "나" 보다 더 위대한 것은 없으며, 하나님마저 나 자신에 미치지 못하시게 됩니다. 왜냐하면 자기 사랑은 우상숭배를 양산하기 때문입니다. 이것은 마치 한 죄가 또 다른 죄에 눌려 그 죄를 맹목적으로 섬기게 되는 것과 같습니다. 또는 마치 하나님께서 "자아"를 지으시자 그 자아가 더 위대해져서 마침내 자아가 자기 자신의 적이 되는 것이 아니라 더 당당해지고 위대해져서 하나님의 호적수가 되려는 것과 같습니다. 그러는 사이, 하나님께서 하나님다우

실 수 있는 것은 불가능해집니다. 하나님께서 창조하신 것은 무엇이든지 높아져서 그림자보다 더 높은 존재가 되는 것입니다. 수많은 계급에 따라 편성된 그 많은 천사도 큰 천사 작은 천사 가릴 것 없이 모두 하나님의 그림자에 불과하고 하나님보다 열등하며, 아름다운 수단 외에 아무것도 아닌 것으로 생각하게 됩니다. 하나님의 독생자께서는 하나님의 실제적인 자아이십니다. 하나님께서 모든 천사의 완전성을 하나로 녹인다 해도 그것은 그리스도와 영원한 대조를 이룹니다. 유일하게 모든 피조물의 기원이었던 비참한 하와보다 더 월등한 존재일지라도 아무것도 아니며, 어떤 탁월하고 이성적인 실체나 지성적이고 빛나는 존재 이상으로 높아질 수 있다 해도 아무것도 아닌 것으로 생각하게 되는 것입니다. 그런 모든 것은 무에서 유를 창조하시는 분의 전능하신 역사로 완전히 사라질 수 있는 것에 불과한데도 말입니다.

나. 하나님의 전능하심에 자신을 내맡기는 것만이 믿음입니다. 모든 피조물은 아무것도 아닙니다. 성도들의 믿음은 하나님께 밀착되고 하나님만 의지하는 것 외에 아무것

도 아닙니다. 오직 전능자만이 죄인과 영원한 진노 사이로, 성도 된 자와 영원히 존재하지 않는 것 사이로 들어가실 수 있습니다. 왜냐하면 이것이 섭리이기 때문입니다. 그렇지 않다면 그런 일은 불가능할 것입니다. 모든 피조물 속에 있는 결함은 정말 아무것도 아닌 피조물과 다른 동질의 피조물 사이에서 방해만 될 뿐입니다. 왜냐하면 피조물 자체가 본래 아무것도 아니므로 다른 동질의 피조물에게 자기에게 없는 것이나 자기에게서 나올 수 없는 것을 줄 수 없기 때문입니다. 그러므로 오직 하나님께서만 결함 있는 피조물을 지탱하실 수 있기 때문에 만일 피조물이 다른 동질의 피조물을 신뢰한다면 그것은 헛된 것입니다. 약하고 갈대와 같은 피조물은 지성적 피조물의 믿음의 무게를 감당할 수 없습니다. 주님을 신뢰하십시오. "여호와여 내가 깊은 곳에서 주께 부르짖었나이다"(시 130:1).

모든 수단이 실패하고 사라져도 믿음으로 전능하신 분에게 여러분 자신을 맡기십시오. 이것이 강력한 기둥이 됩니다. 나는 못 해도 하나님께서 도우실 수 있습니다. 수단을 사용해도 수단을 의지하지 않고 하나님을 의지하는 것이 참된 믿음입니다. 하나님께서 여러분을 먹이시는 것을 믿으십시오. 하지만 하나님께서 제공하시는 양식을 바라보지 마십시오. 하나님의 구원하시는 팔을 믿으시되 팔만 보지 마십시오. 그렇습니다. 참으로 값없는 은혜로 말미암아 불경건한 자를 의롭게 하시고 신자로 만드시는 하나님을 의지하십시오. 양식이 없을 때 양식을 주시는 하나님을 신뢰하십시오. 대적이 강하고 우리는 약할 때 구원을 베푸시는 하나님을 신뢰하십시오. 우리 믿음의 공적 대상이신 분만 바라보십시오. 우리가 피조물이나 수단을 전능하신 분에 비해 지극히 사소한 것으로 볼 때 — 그것들은 그 이상도 이하도 아닙니다 — 믿음은 정결하시고 순수하시고 전능하신 하나님으로 하여금 역사하시도록 부추기게 됩니다. 믿음은 수단들을 별 중요하지 않은 것들로 봅니다. 오직 하나님께서만 많든 적든 구원하시며, 빵으로든 다른 것으로든 우리를 먹이십니다. 우리는 수단을 의무로 지킬 뿐입니다. 하나님의 전능하심은 모든 수단을 초월합니다. 하나님께서 홀로 하나님 되시며, 다른 신은 없습니다. "여호와는 죽이기도 하시고 살리기도 하시며 스올에 내리게도 하시고 거기에서 올리기도 하시는도다"(삼상 2:6).

6

치유

6장

치유

"이에 예수께서 그들의 눈을 만지시며 이르시되 너희 믿음 대로 되라 하시니"(마 9:29).

첫째. 그리스도의 행동

치유하시는 방식에서 두 가지 내용을 볼 수 있습니다. 곧 전능하신 분의 표지와 말씀입니다. "그들의 눈을 만지시며." 그리스도께서는 말씀만으로 고치실 수 있으셨습니다. 그런데 표지를 더하셨습니다. 그분의 거룩하신 손을 두 맹인의 눈에 대신 것입니다. 이렇게 하심으로써 그리스도께서는 사람들 가운데 앞을 못 보는 사람의 신체적 비참함까지 모두 동정하셨습니다. 그들의 약한 믿음을 강하게 하신다는 것을 확증하신 것입니다. 따라서 중보자이신 그리스도의 관심과 동정이 우리 인간의 영적이고 신체적 비참함에 어느 정도까지 뻗어 있는지 보십시오. 이것이 빛을 줄 것입니다.

주장 1 그리스도께서는 기적적인 치유를 베푸시는 방식 가운데 여러 번 그분의 크신 관대하심을 표지들을 통해 겸손히 보여주셨습니다.

가. 그리스도께서는 겸손히 자신을 낮추시고 약한 자와 병자를 보러 오셨습니다. 나사로의 무덤이 있는 곳과 야이로의 딸의 관이 있는 곳으로 가셨듯이 말입니다. 우리는 그리스도께서 자신의 종 백부장에게 겸손히 자신을 낮춰 사랑스럽게 말씀하신 것을 알고 있습니다. “내가 가서 고쳐 주리라”(마 8:7). 그리스도께서는 또한 삼십팔 년 된 병자가 있는 연못에 가셨습니다. 그것도 직접 가셨습니다(요 1:12 참고). 그리스도께서는 “인자가 온 것은 잃어버린 자를 찾아 구원하려 함이니라”(눅 19:10)고 말씀하셨습니다. “우리가 그

에게 가서 거처를 그와 함께하리라"(요 14:23). 그리스도께서 병 걸린 자와 잃어버린 죄인을 받으시고 환영하시는 것은 우리에게 정말 과분한 것 이상입니다. 그분께서는 자신의 대적들도 참으시면서 겸손하신 자기 낮춤의 사랑을 보여주셨습니다. 그리스도께서는 우리의 영적 질병을 가까이 오셔서 보시고 우리의 상처 난 것을 다루시고 공감하셨습니다. "너는 … 살아 있으라"(겔 16:6). 내가 주를 볼 때 내 마음도 나의 두 눈을 따라 올라와 그분을 사랑스럽게 보게 됩니다. "내 옷으로 너를 덮어"(8절).

나. 그리스도께서는 찾아오시는 것 외에도 우리의 종기와 염증을 만지십니다. 그리스도의 손이 나병환자의 부정한 살을 만지셨습니다. 그분의 손가락이 움푹 꺼진 맹인의 눈에 닿았습니다. 그리스도께서는 나면서 앞을 못 보는 사람의 눈에 침을 뱉어 진흙을 이겨 그의 눈에 바르시고 그의 눈에 복 주셨습니다(요 9:11 참고). 또한 베드로의 장모의 "손을 만지시니 열병이 떠나"가게 되었습니다(마 8:15).

다. 그리스도께서는 각양각색의 병 걸린 자들을 치료

하시는 데 힘을 기울이셨습니다. 이렇게 행하신 그리스도에 관해 성경은 "우리의 연약한 것을 친히 담당하시고 병을 짊어지셨도다 함을 이루려 하심이더라"고 말씀합니다(마 8:17).

라. 우리는 정작 그분을 찾지 않는데 그분께서는 우리를 찾으십니다(눅 19:10). 목자가 양을 필요로 하는 것보다 목자를 더 필요로 하는 것은 잃어버린 양입니다. 하지만 마치 우리가 찾으러 다닐 가치가 있는 것처럼 그리스도께서는 광야에서 아흔아홉 마리 양을 놔두고 우리를 찾으셨습니다.

마. 그래도 그분의 겸손하신 사랑이 가장 많이 드러난 것은 그리스도께서 우리 인간의 본성을 취하신 데 있습니다. 그렇게 하심으로 인해 상하고 고통받으신 몸으로 고난을 받으셨을 뿐만 아니라 시장하셨고, 갈증, 피로, 추위, 죽음, 영혼의 압박감, 두려움, 근심, 슬피 우는 것을 겪으셔야 했습니다. 이 모든 것은 신체적으로나 영적 연약함으로 가득한 우리 본성이 겪는 것과 같은 연약함이었습니다. 그래서

그리스도께서는 그분을 따르는 자들과 더불어 병든 자의 침상에 아픔을 같이 느끼며 함께 하실 수 있었습니다. 또한 자신의 겸손하신 마음에서 나오는 동정과 자비로 나병 환자에게 손을 대실 수 있었습니다(막 1:41 참고). 또한 인간의 마음에서 나오는 탄식과 인간의 눈에서 나오는 슬픈 눈물로 예루살렘의 죄인을 위해 슬피 우셨습니다(눅 19:41-42; 마 23:37-38).

주장 2 그리스도께서는 약한 믿음을 동정하셨습니다. 그래서 상한 갈대를 꺾지 않으시고 꺼져가는 심지의 불을 끄지 않으십니다. 그리스도께서는 외치지 않으십니다. 오히려 그분의 목소리에는 사랑스러운 잔잔함이 묻어납니다. 그렇습니다. 그분께서는 "외치지 아니하며 목소리를 높이지 아니하며 그 소리를 거리에 들리게 하지 아니"하십니다(사 42:2). 그리스도께서는 질책과 호통에 익숙하시지 않으셨습니다. 그리스도께서는 자신의 품으로 양 떼를 나르시려고 그분의 몸과 마음에 한 장소를 마련하시고 그 양 떼를 온순히 인도하십니다(사 40:11 참고). 우리는 우리의 길을 추구하느라 가쁜 숨을 내쉬는데 말입니다.

주장 3 죄의 죄 됨은 실제로 그리스도께서 동정을 갖지 못하시게 합니다. 그렇지 않다면 그리스도께서 모든 죄뿐만 아니라 마귀와 성령님을 거스르는 죄를 지은 자, 심지어 마지막까지 회개하지 않은 자 모두를 동정하셔야 하기 때문입니다. 이 죄들은 가장 큰 죄들입니다. 이로써 분명한 것은, 피조물이 가진 비참함은 하나님께 동정의 대상이지만, 하나님께서 자유의지의 방종이나 무절제를 마냥 동정하시지는 않는다는 것입니다. 실제로 하나님께서 자비를 베푸실 때 그 안에는 지혜와 자유와 정의가 있습니다. 따라서 하나님의 법령은 가장 강포한 죄에 대해 마냥 값없이 자비만 베풀지 않습니다.

하나님이신 그리스도의 자상하심과 자비, 그리고 하나님의 모든 감정에는 이를테면 무한하신 이해와 지혜, 자유, 주권과 공의가 있습니다. 이런 모든 것이 그분에게서 나와 대상을 향해 퍼져나가는 것입니다. 우리의 감정에는 사실 자유나 이성 같은 것이 없습니다. 그래서 특별히 감정이 처음으로 터져 나오게 되면 바퀴 굴러가듯 가벼운 것은 올라가고 무거운 것은 내려가게 됩니다. 거의 모든 감정이 그런 식으로 움직입니다.

실제적 적용

가. 첫 번째 적용은 그리스도의 자상하심과 온유하심을 본받는 것입니다. 그리스도께서는 겸손하시고 부드러우신 동정심으로 우리의 종기나 본성의 더러움을 만져주십니다. 맹인의 눈을 만지신 그리스도께서는 성도의 비참함을 동정하십니다. "뭐라고요! 그러면 주님께서 잔인하시다는 생각을 하지 말라는 것입니까? 그분께서 독일을 초토화시키셔서 하나님의 정원을 용의 굴로 만드셨고, 아일랜드를 광야와 가뭄의 땅으로 바꾸어 놓으셨습니다. 페스트와 낯선 자들의 칼로 수많은 생명이 목숨을 잃었습니다. 스코틀랜드의 내란으로 주민이 사라져 더 이상 죽은 자를 장사지내러 땅을 팔 사람도 남아 있지 않은데 그런 소리를 하십니까?" 그럴지라도 그리스도께서는 하나님의 본체시고, 자비가 무한하십니다. 그분께서는 이 모든 것의 원인을 아십니다. 정의는 무한한 자비를 능가할 수 없습니다. 우리가 겪는 고통으로 마음의 분을 절제하지 못해 몸을 떨면서 하나님을 거스르는 온갖 반대되는 생각이 들더라도 우리가 섬기는 하나님처럼 자상하시고 부드러우시고 온유하시고 관대하신 분은 세상 어디에도 없습니다.

나. 그리스도께서 맹인의 눈을 동정하신다면 우리의 눈 먼 마음과 우리 본성의 모든 부패함도 동정하실 것입니다. 비록 우리의 마음이 완고해도 우리가 불신앙과 무거운 짐과 고통과 영혼을 압도하는 것과 씨름하고 있다면 주님은 그런 우리를 보시고 더 크신 자비로 우리를 부드럽게 대하실 것입니다. 그리스도 앞에 우리의 영적 상처를 내려놓을 수 있다면 부드러운 연민으로 맹인의 눈을 만지셨던 그분께서 우리의 눈 먼 마음을 만져주실 것입니다. 그리고 결국 속박된 우리의 완고한 영혼을 풀어주실 것입니다. "내가 잡혀 있는 자에게 이르기를 나오라 하며"(사 49:9).

하지만 이 정도로 말해도 족할까요? 예, 그렇습니다. 그분의 말씀은 철 빗장을 깨뜨립니다. 이 말씀으로도 부족하다면, 이런 말씀도 있습니다. "내게 기름을 부으사 가난한 자에게 아름다운 소식을 전하게 하려 하심이라". 또한 더 좋은 표현이 있습니다. "나를 보내사 마음이 상한 자를 고치며"(사 61:9). 이것은 말뿐인 자비가 아닙니다.

하지만 우리는 그분을 받아들이지 않습니다. 우리는 행여나 그리스도께서 변하지 않으실까, 더 이상 옛날의 구세주가 아니실까 생각하며 두려워합니다. 하지만 천국에 계신 그분의 마음과 자비는 이 땅에 육신을 입고 계실 때처럼 변함이 없으십니다.

다. 우리는 마음대로 뻔뻔하게 죄짓는 것을 경계해야 합니다. 그런 죄는 죄짓는 방식으로 보나 하나님의 법령으로 보나 그리스도의 자비와 온화함을 밀어냅니다. 왜냐하면 하나님의 법령도 끝까지 완고하게 저항하는 자에게는 자비를 철회하기 때문입니다. 하나님께서 양심을 비추시고 깨닫게 하는 불꽃을 일으키실 때 그것에 계속 저항하는 죄는 하나님의 자비를 모욕하고 경멸하는 경계선까지 치닫게 됩니다. 이것은 자비를 거역하는 죄입니다. 우리가 짓는 모든 죄가 자비를 거스르지만, 자비를 경멸하는 것은 또 다른 문제입니다. 이런 죄는 위험한 것으로 거의 지옥 경계선까지 이르게 합니다. 하나님께서는 성경에 계시되어 있는 하나님의 법령으로 높이 치켜든 교만한 손을 도무지 거둘 생각이 없는, 완고하게 하나님의 자비를 거부하는 죄와 성령님께 대항하는 죄 위에 특별한 지옥의 마크를 찍으십니다. 하나님의 법령은 그런 죄를 높이 들어 자비가 미치지 않는 곳에 던져버립니다. 우리의 죄가 그런 죄가 아닌 것에 정말 감사해야 합니다. 죄가 용서받을 수 있는 자비의 영역을 넘어가 버렸다면 그것은 정말 끔찍한 것입니다. 만일 여러분의 죄가 이미 풍성한 자비의 한계를 벗어났다면 여러분은 벌써 그런 상태가 된 것입니다.

둘째. 그리스도의 말씀

그리스도께서 치유하신 것을 보면 표지 외에 두 맹인의 믿음을 강하게 하시려고 말씀까지 덧붙이셨습니다. 사실 그리스도께서는 표지 없이 치유하실 수도 있으셨습니다. 또한 만져주시는 것이나 말씀 없이 눈을 뜨시게 하실 수도 있었습니다. "너희 믿음대로 되라."는 말씀은 다음과 같은 뜻입니다. "네가 믿으면, 바로 그 믿음을 따라 이루어지는 것이다. 믿지 않는다면 너는 여전히 맹인인 것이다." 따라서 여기서 질문이 나올 수 있습니다. 우리의 믿음의 정도가 하나님께서 은혜를 주시고 구원의 역사를 일으키시는 데 법칙이나 기준이 될 수 있는가 하는 것입니다.

주장 1 우리에게 자비를 베푸시는 데 하나님께서 정하신 결정적이고 구속력 있는 기준은 바로 하나님의 값없는 은혜입니다. "여호아하스 왕의 시대에 아람 왕 하사엘이 항상 이스라엘을 학대하였으나 여호와께서 아브라함과 이삭과 야곱과 더불어 세우신 언약 때문에 이스라엘에게 은혜를 베풀며 그들을 불쌍히 여기시며 돌보사 멸하기를 즐겨하지 아니하시고 이 때까지 자기 앞에서 쫓아내지 아니하셨더라"(왕하 13:22-23). "그러나 그들의 자손이 내게 반역하여 … 이에 내가 이르기를 내가 광야에서 그들에게 내 분노를 쏟으며 그들에게 내 진노를 이루리라 하였으나 내가 내 이름을 위하여 내 손을 막아 달리 행하였나니 내가 그들을 인도하여 내는 것을 본 여러 나라 앞에서 내 이름을 더럽히지 아니하려 하였음이로라"(겔 20:21-22). "그러므로 너는 이스라엘 족속에게 이르기를 주 여호와께서 이같이 말씀하시기를 이스라엘 족속아 내가 이렇게 행함은 너희를 위함이 아니요 너희가 들어간 그 여러 나라에서 더럽힌 나의 거룩한 이름을 위함이라"(겔 36:22). 그리고 하나님께서 그들에게 돌같은 마음을 제거하시고 새 마음을 주신 이유가 나옵니다. "내가 이렇게 행함은 너희를 위함이 아닌 줄을 너희가 알리라"(32절). "아니! 그들은 거룩한 백성이 아닙니까?" 아닙니다! "이스라엘 족속아 너희 행위로 말미암아 부끄러워하고 한탄할지어다." 은혜가 고귀한 원칙입니다. 하나님께서는 자신의 체계, 즉 값없는 은혜의 원리로 자신을 규제하시고, 그분께서 택하신 자들과 동행하십니다.

주장 2 하나님의 약속과 자유로운 법령을 따라 믿음이 법칙이 된 것이지, 믿음의 본질이 법칙이 된 것은 아닙니다. 이 믿음을 따라 주님께서 역사하십니다. 그래서 하나님께서는 믿음을 통해 불경건한 자를 의롭게 하시는 것입니다.

"아들을 믿는 자에게는 영생이 있고"(요 3:36). "너희가 즐겨 순종하면 땅의 아름다운 소산을 먹을 것이요"(사 1:19).

주장 3 주님께서는 종종 자신이 은혜로 일하신 분량과 우리 믿음의 분량을 일치시키는 것을 기뻐하셨습니다. 백부장은 야단법석 없이 강력한 믿음으로 자신의 종이 즉시 치유를 받을 수 있게 했습니다. "네 입을 크게 열라 내가 채우리라"(시 81:10). 받는 그릇이 크면 클수록 주님께서 부어주실 자비의 양도 그만큼 많아집니다. 오! 우리의 그릇은 얼마나 작습니까? 하나님을 수용하는 것은 능력 밖의 일입니다. 수천 번 회전해도 지구의 회전수에 못 미치는 것과 같고, 지구가 수없이 회전한 분량을 모두 셀 수 없는 것과 같습니다.

주장 4 우리의 믿음은 척도를 재는 기준이 아니지만, 주님의 모든 방식을 이끌고 제한하며, 우리에게 값없는 은혜를 주시게 합니다.

가. 왜냐하면 하나님께서 새 마음과 새 영을 주시기 때문입니다. 마찬가지로 믿음 또한 주시는데, 하나님을 전혀 구하지 않는 사람들이 하나님을 찾게 하시는 것처럼(사 65:1 참고), 믿음이 전혀 없는 곳에서 믿음이 생기게 하십니다. 모든 은혜와 믿음 역시 귀한 진주 같아서 가치를 매길 수 없습니다. 이것은 어떤 가난한 사람이 메마른 광야에서 생각지 않게 우연히 진주를 발견하게 된 것과 같습니다. 또한 사울이 아버지의 암나귀를 찾으러 갔다가 집에 오는 길에 왕국을 갖게 된 것과 같습니다. 그리스도께서는 사람이 자신이 하는 것을 깨닫거나 알기 전에 믿음의 보석을 가지고 오십니다. 하늘나라 왕국은 이것을 찾는 자에게 운명처럼 시작

됩니다(엡 1:11 참고). 믿음은 갑자기 진행되는 홍정 같아서 미처 심사숙고할 겨를이 없습니다. 그래서 "그리스도를 가질까 말까?"라고 말하지 못합니다. 결국 그리스도께서는 동의하지 않아도 동의를 얻으십니다. 그분께서는 홀로 결혼을 성사시키시기 때문에 누구도 믿기 전에 믿을지 말지 고민할 겨를이 없습니다. 그리스도께서 이미 문 안으로 들어오셨다면 여러분은 그분께서 들어오시도록 승낙할 수밖에 없습니다. 하지만 그리스도께서는 들어오시기 전까지 환영받지 못하시는 분이십니다.

나. 하나님 외에 전능하신 분의 은혜의 행위를 제한할 수 있는 것은 없습니다. 여러분이 천국으로 항해하려 마음먹었다 해도 바람을 구매할 수는 없습니다. 성령님의 역사는 바람이 불게 하는 것과 같습니다. 농부는 구름이 비를 내리지 않으면 인위적으로 물을 비같이 만들어 정원에 뿌릴 수 있습니다. 하지만 농부와 항해사는 어떤 기술로도 바람을 만들어낼 수 없습니다. 세상 어떤 왕도 잔잔한 기후에 명령을 내려 한 줌의 바람도 불게 할 수 없습니다. 사람이 모든 힘과 능력을 동원할지라도 동쪽에서 부는 바람을 서쪽에서

불도록 하지 못합니다. 이처럼 성령님의 바람의 향방과 움직임은 오직 성령님께 달린 것입니다. 결코 우리 믿음의 은혜로운 행위에 달린 것이 아닙니다. 왜냐하면 믿음의 행위 자체도 성령님의 자유롭고 주권적인 숨결로 생긴 것이기 때문입니다. 그 외에 어떤 바람도 다른 것을 만들어낼 수 없습니다. 하나님께서 모든 공기의 움직임을 통제하시듯이 전능하신 분만이 영혼이 모든 은혜로운 행동을 하도록 만드십니다.

다. 심지어 우리가 믿은 후에도 그리스도께서는 우리의 믿음보다 더 큰 것을 주십니다. 또한 우리가 바라거나 요구하는 것보다 더 큰 것을 주십니다(엡 3:20 참고).

1) 그러므로 은혜로운 행동의 정도와 수준은 한 영혼 안에서도 매우 다양하게 나타납니다. 지금은 성령님의 전능하신 바람이 강하게 불어도 그 뒤에 즉시 그 바람이 느려지고 완만해지면서 잠잠한 숨결이 될 수 있습니다. 이것은 다윗의 예에서 분명히 볼 수 있는데, 특별히 시편 31편과 63편을 함께 비교해보면 확실해집니다. 다윗은 하

나님과 최고의 교제를 누리며 하루하루가 만찬 같았던 시기와 하나님의 숨결이 평범했던 시기 모두를 체험했습니다.

2) 때때로 그리스도 안에서 하나님과 강력한 교제를 나눌 때가 있습니다. "그를 붙잡고 … 놓지 아니하였노라(아 3:4 참고). 때때로 썰물같이 그런 교제가 아주 느리게 빠져나갈 때도 있습니다. "내가 내 사랑하는 자를 위하여 문을 열었으나 그는 벌써 물러갔네 그가 말할 때에 내 혼이 나갔구나 내가 그를 찾아도 못 만났고 불러도 응답이 없었노라"(아 5:6).

3) 일반 섭리에 비추어볼 때 모세가 항상 황홀경에 빠져있었다고 볼 수 없습니다. 모세가 하나님께서 이스라엘을 구원해주시고 대신 자기 이름은 하나님의 생명책에서 지워달라고 했을 때(출 32:32 참고) 황홀경의 상태가 아니었다는 것은 분명합니다. 그렇지 않다면 그가 물을 두고 다

툴 때[30] 그렇게 부적절하고 불신앙적인 말을 해서는 안 되는 것이었습니다. 그러므로 (하나님 외에 천국 가는 길을 예비할 수 없지만) 하나님께서 택하신 자들이 구원의 여정을 밟는 동안 천국의 여정 내내 그리스도께서 가장 달콤한 모습으로만 나타나신다고 할 수는 없습니다.

4) 성도들이 하나님께서 놀랍게 나타나시는 작은 천국 같은 경우를 체험했을지라도 이 땅에서 육신의 장막에 거하는 동안 그런 체험이 계속 유지되진 않습니다. 이로써 하나님의 놀라운 현현(顯現)이 계속 유지될 수 있는 규칙을 만들 수 없다는 것을 알게 됩니다. 다윗의 영혼이 골수와 기름진 것으로 가득 채워졌을 때 그는 그런 체험이 반복되기를 소망했습니다. "… 마르고 황폐한 땅에서 내 영혼이 주를 갈망하며 내 육체가 주를 앙모하나이다 내가 주의 권능과 영광을 보기 위하여 이와 같이 성소에서 주를 바라보았나이다"(시 63:1-2 참고). "내가 전에 성일을 지키는 무리와 동행하여 기쁨과 감사의 소리를 내며 그들을

30 므리바 물 - 민수기 20장 13절을 보십시오: 옮긴이 주.

하나님의 집으로 인도하였더니 이제 이 일을 기억하고 내 마음이 상하는도다"(시 42:4). 하지만 다윗이 과연 천국에 이르는 날까지 하나님과 이런 교제만 추구했는지 의심스럽습니다. 그것도 아니라면 다윗의 영혼이 이 땅에서 사는 날 동안 계속 확장되어 천국의 영광의 눈부심과 아침의 여명을 수용하게 되는 활기차고 큰 믿음만 기대하며 살았을까요? 과연 그랬는지도 의심스럽습니다. 만일 그렇다면 그것은 은혜의 주권적 섭리를 제한하는 것으로밖에 보이지 않습니다. 바울이 체험했던 그런 황홀경에 빠질 수 있을까요? 바울이 황홀경의 상태에서 셋째 하늘에 갔다 온 것처럼 성도들도 다른 영적 방식으로 그런 체험을 할 수 있을까요? 바울은 "확실히 죽기 전에 이와 같은 하나님의 놀라운 나타나심을 체험할 수 있을 것이다."라고 말하지 않았고 그런 체험의 토대를 세우지도 않았습니다. 그렇다면 신자가 이 땅에서 하나님께서 보여주시는 광경 가운데 비범할 정도로 높아졌을 때 거듭해서 하나님의 달콤하고 놀라운 현현을 체험할 수 있다고 결론 내릴 수 있을까요? 아닙니다. 계시가 주어지지 않으면 그들은 그렇게 될 수 없습니다.

라. 따라서 주님의 사랑의 현현을 체험하는 정도와 크기는 이 땅에서 우리 믿음의 분량에 달린 것으로 생각할 수 없습니다. 하나님께서 과거처럼 그런 일이 없을 정도로 자신을 크게 계시하실지는 어느 한 면만 들어 결론 내릴 수 없습니다. 왜냐하면 우리의 기준은 하나님의 말씀이기 때문입니다. 따라서 특별히 이생에서 우리에게 다가올 수 있는, 믿음의 분량이나 현현에 대한 하나님의 섭리는 우리가 반드시 고수해야 할 규칙에 얽매이지 않습니다.

마. 믿음과 구원하는 은혜의 분량과 정도를 꼭 따질 필요는 없습니다. 이 두 가지가 우리 구원의 토대이자 진수이긴 해도 그리스도를 만나는 데 꼭 최고로 높은 믿음이 요구되는 것은 아닙니다. 우리는 성장하는 일과 관련해 그리스도께 어떤 법칙을 강요해서는 안 됩니다. 왜냐하면 우리는 "오직 우리 주 곧 구주 예수 그리스도의 은혜와 그를 아는 지식에서 자라 가라"(벧후 3:18)는 명령을 받았기 때문입니다. 만일 그리스도께서 우리가 바라는 것 이상으로 주시고자 한다면 — 적게 주실지라도 감사한 것입니다 — 성장의 의무가 우리의 마음을 더 사로잡도록 해야 합니다. 하

나님께서 여러 모양으로 어떻게 섭리하실지에 대한 기대보다 말입니다. 어떤 사람은 이 땅에서 그들이 먹을 수 있는 양보다 많은 양식을 먹고, 어떤 사람은 그보다 적게 먹습니다. 하지만 하나님께서는 양자를 모두 먹이십니다. 어떤 사람은 구원하는 은혜를 많이 받을 수 있고 어떤 사람은 적게 받을 수 있습니다. 초라한 양초 하나라도 어떤 사람에게는 천국 가는 길을 환히 비춰주지만, 다른 사람에게는 그것과 비교도 되지 않게 대낮 같은 영광의 빛이 되어 그를 인도해줍니다. 그러나 지극히 현명하신 그리스도께서는 은혜를 주시려고 항상 마음을 열고 계십니다.

주장 5 작은 믿음으로도 영원한 구속(救贖)과 영원한 의를 받을 수 있고 강한 믿음이 될 수 있습니다.

가. 가장 약한 신자도 믿음으로 의롭게 되고 가장 강한 믿음의 소유자가 될 수 있습니다. 나면서 말 못 하는 부모의 믿음이 그랬습니다. "내가 믿나이다 나의 믿음 없는 것을 도와주소서"(막 9:24). 이것이 그가 한 일이었습니다. 믿음이 작았던 제자들은 수많은 의심 끝에 육지에 도착했습

니다(마 8:23-27 참고). 작은 손의 작은 손가락으로도 놀라운 천국을 받을 수 있고 세상의 위대하신 구세주를 붙들 수 있습니다.

나. 주님께서 값없는 은혜로 믿음을 주실 때는 보통 폭넓고 넉넉한 믿음을 주십니다. 믿음이 넓으면 은혜를 받을 팔도 큰 법입니다. 많이 담을 수 있는 곳에 주님께서 많이 넣어주십니다. 주님께서는 자신의 금고를 채우시고 은혜의 보물함이 늘어나는 것을 기뻐하십니다. 하지만 여기서 반드시 주의할 점이 있습니다.

1) 자유롭게 주시는 은혜는 아무래도 믿음이 약할 때보다 클 때 풍성히 받을 수 있습니다.

2) 우리가 영적으로 완전히 고갈되면 본향 집으로 풍성한 자비를 갖고 들어갈 수 없습니다. 영적 수고를 한다고 일찍 일어나 밤새 깨어있어도 풍성한 보상이 주어지지 않을 수 있습니다. 왜냐하면 땀 흘리며 부르짖더라도 은혜가 천국처럼 밝은 빛을 내게 하는 것은 하나님의 자유로

우신 의지에 달린 것이기 때문입니다. 즉 우리가 우리 자신을 희생 제물로 드리도록 준비시킬 수 있습니다. 하지만 그리스도와 그분의 자유로운 은혜에 우리가 바쳐지도록 아직 하나님께서 불을 붙이시지 않으실 수 있습니다. 바울은 유대인에게 가려고 그렇게 갖은 애를 썼지만 결국 유대인을 떠나 이방인에게 갈 수밖에 없었습니다(행 13:46 참고). 모세는 백성을 광야에서 이끌면서 여호수아보다 더 많은 수고를 했지만 여호수아만 백성과 함께 거룩한 땅에 들어가 차지할 수 있었습니다. 모세는 끝내 그 땅에 발도 디디지 못했습니다. 때때로 은혜는 축복같이 주어집니다. 에서는 축복을 받으려고 땀을 흘리며 사냥했지만 결국 눈물만 흘릴 뿐 아무 축복도 받지 못했습니다. 야곱은 집에 머물면서 울지도 않은 채 축복을 차지했습니다. 종종 우리는 우리가 수고한 만큼 은혜가 올 것으로 기대하지만 우리가 바라는 것에 미치지 못할 때가 있습니다.

주장 6 종종 그리스도께서는 우리의 불신앙을 빛나게 하시고 죄를 값없는 은혜로 바꾸십니다. 그리스도께서는 영겅퀴가 무화과 열매를 맺게 하시고, 가시나무가 올리브와 포도를 맺게 하십니다(겔 36:23-26 참고). 이스라엘은 하나님의 백성이라고 하면서 인접해 있는 이교도의 나라의 영향을 받아 하나님의 이름을 욕되게 했습니다. 하나님은 다른 어떤 이유나 가시적인 원인 때문이 아니라 다름 아닌 그들이 하나님의 백성이기 때문에 하나님께서는 자신의 백성을 모든 우상에서 돌이키게 하시고 그들에게 맑은 물을 뿌리시고 새 마음을 주신다고 약속하신 것입니다. 그렇습니다. 은혜는 완고한 악에 큰 승리를 거둡니다. 아합이 불신앙으로 하나님께서 주시는 징조를 거부하자 주님께서 친히 징조를 주셨습니다. "처녀가 잉태하여 아들을 낳을 것이요"(사 7:14). 여기 하나님의 정원에서 아름답게 자란 장미가 있습니다. 하나님의 자유로운 은혜가 땅에서 샘솟습니다. 하나님께서 완고하게 반역하는 불신앙의 이유를 가져가시고 그분의 풍성한 선하심을 찬양하고 확장하는 믿음을 주십니다. 그렇습니다. 어린 양께 영원히 부를 영광의 시편이 있는 영광의 궁전은 인간의 죄와 하나님을 향한 강력한 반역이 일으킨 먼지와 재 속에서 지어져 올라갔습니다.

인간의 죄가 더 사악해지고 비열해질수록 죄를 용서하시

는 그리스도의 은혜는 더 풍성해지고 높아져서 마침내 최고의 경배를 받을 것입니다. 지옥과 죄는 천국에서 새로운 시편이 편성되는 데 한몫할 것입니다. 탕자의 아버지는 탕자에 대한 연민으로 멀리서 탕자를 보았을 때 그의 몸 전체가 감동되었습니다(눅 15:20 참고). 왜 탕자를 동정했을까요? 단순히 탕자가 집에 돌아와 회개했기 때문일까요? 아닙니다! 동정의 대상이 비참했기 때문입니다. 회개는 은혜의 역사이지 비굴하거나 비참한 것이 아닙니다. 탕자의 아버지는 탕자가 아버지를 떠나 방탕하게 살면서 지은 죄를 불쌍히 여겼습니다. 그 비참한 상태가 탕자로 하여금 집에 돌아오게 했습니다. 죄와 비참함은 아버지의 연민을 일으킨 육적 요인이요 유일한 이유였습니다. 파산하고 깨진 은혜에 빚졌던 모든 자는 다음과 같이 영원히 외칠 것입니다. "그들이 새 노래를 불러 이르되 두루마리를 가지시고 그 인봉을 떼기에 합당하시도다 일찍이 죽임을 당하사 각 족속과 방언과 백성과 나라 가운데에서 사람들을 피로 사서 하나님께 드리시고 그들로 우리 하나님 앞에서 나라와 제사장들을 삼으셨으니 그들이 땅에서 왕 노릇 하리로다 하더라" (계 5:9-10).

실제적 적용

가. 믿음은 이제 한물간 것이 되었습니다.

1) 모든 사람이 자신에게는 확실한 믿음이 있다고 말합니다. 하지만 그리스도께서는 믿음을 가진 사람이 거의 없다고 말씀하십니다. 훗날에 이르러 믿음은 이 땅에서 정말 찾아보기 힘들 것입니다. 바울도 모든 사람이 믿음을 갖고 있는 것은 아니라고 말했습니다.

2) 새로운 견해가 믿음으로 통하고 있습니다. 유다는 우리에게 믿음을 위해 싸우라고 강권합니다(3절 참고). 이제 사람들은 이전 세대에서는 알려지지 않은 새로운 견해와 방식에 대해 사방에서 문서를 통해 싸우고 있습니다. 하지만 믿음은 오직 하나입니다. 어떤 비밀이나 새로운 빛이 아닙니다. 믿음은 순수하고 온유한 펜입니다. 새로운 견해를 따르는 사람의 펜은 피로 물들었고 그들의 추종자를 뻔뻔하게 만들고 있습니다.

3) 많은 사람이 믿음이 아닌 행위로 천국에 간다고 생각합

니다. 하지만 믿음 없이 하나님을 기쁘시게 할 자는 아무도 없습니다. 천국에 있는 모든 사람은 성화된 자들입니다. 성화는 진리의 믿음과 연합해있습니다. 시민 교단(the sect of Civilians)과[31] 도덕적이고 정직한 사람은 천국에 들어가지 못할 것입니다(요 3:3 참고). 수많은 사람이 선한 의도와 선한 기도로 구원을 얻으려 하고 있습니다. 하지만 성경은 선한 의도가 아닌 믿음으로 말미암은 구원을 말씀하고 있습니다. 여러분이 믿는 것처럼 그 영혼이 영원한 나라에 가게 되면 바로 그것이 사실임을 알게 될 것입니다. "주 예수께서 자기의 능력의 천사들과 함께 하늘로부터 불꽃 가운데에 나타나실 때에"(살후 1:7), 여러분도 그들과 함께 있게 될 것입니다. 어떤 사람은 "우리가 사는 날 동안 믿습니다."라고 말합니다. 아래의 시민 교단의 질문에 대답해야겠습니다.

가) 그리스도를 원함으로 밤새 앓고 영혼이 힘들고 고통스러운 적이 있습니까?

---

31 그리스도의 의를 멸시하고 도덕적인 의만 추구한 단체. 행위로 칭의를 얻는 것을 추구했습니다: 옮긴이 주.

나) 그리스도를 사려고 모든 정욕과 가슴에 품은 죄를 헐 값에 팔고 마감했습니까?

다) 아무도 보는 이가 없어도 하나님께서 모든 행위의 증인이신데 양심을 속이고 정욕, 맹세, 거짓 행위를 일삼지 않았습니까? 또는 교회를 기쁘게 하는 것에는 관심 없고 밖에서 거리나 가게만 활보하고 다닙니까? 지금 거리는 불경건으로 가득할 뿐입니다. 영혼에 관심 두는 일은 찾아보기 힘듭니다. 믿음은 외식이 아닙니다. 그것은 겉과 안이 깨끗한 것입니다.

라) 그리스도를 사랑함으로 병들었습니까? 그리스도의 부재가 곧 지옥인 것을 아십니까? 천국을 생각하면 거센 조류처럼 사랑이 샘솟습니까? 그리스도의 창백하고 거친 얼굴과 그분께서 받으신 몰약과 향유를 어떻게 생각하십니까? 여러분이 사랑해야 할 대상이 누구신지 알게 되기를 소망합니다.

마) 종종 천국에 있습니까? 종종 그리스도와 함께 있습니까? 아니면 이런 때 다른 것에 빠져 삶을 보낼 것입니까?

나. 비천하고 불쌍한 사람이 자신의 약한 믿음을 의식하며 다음과 같이 자책하지 않게 합시다. "오! 저는 제가 가진 믿음보다 그리스도를 더 많이 소유하고 있지 않습니다. 만일 그리스도께서 저에게 네가 믿는 것에 따라 천국이 임하고 영원한 구원을 받을 것이라고 말씀하신다면 저는 전혀 해당이 안 될 것입니다. 저의 믿음은 너무 보잘것없어 제가 느끼지도 못할 정도입니다. 제가 이 상태에서 더 큰 믿음을 갖지 못한다면 저는 끝장입니다." 저의 대답은 이렇습니다.

1) 여러분의 믿음대로 될 것입니다. 하지만 작고 짧은 여러분의 팔과 비천한 믿음의 손가락이 척도가 될 수 없습니다. 작은 믿음일지라도 그리스도를 붙잡지 못할 정도로 작은 믿음은 없습니다. 비록 안경 치수보다 여러분의 눈이 더 커질 수 없다 해도 동서남북으로 사방에 걸쳐 놓여 있는 천국의 광활한 평안을 보지 못하겠습니까? 보잘것없고 작은 해골 안에 담겨 있는 것이 바로 사람의 뇌가 아닙니까? 하지만 천국과 영적 지각력이 그 작은 뇌에 있어 그 뇌를 통해 우리를 땅과 바다에 이르게 하고 지구와 대양, 태양, 달, 별, 천사, 천국 중의 천국에 이르게 하

며 심지어 하나님을 만나게 하지 않습니까? 이처럼 작은 믿음일지라도 영원한 의를 붙잡을 수 있습니다.

2) 믿음을 행위로 생각한다면 의심의 토대를 세운 것이나 다름없습니다. 영원한 구속은 아주 작은 믿음을 통해서도 주어집니다. 그런 구속처럼 위대한 보상은 없습니다. 하지만 은혜로 흥정을 하게 된다면 그것은 불공정한 언약입니다. 값없는 은혜로 이루어지는 상태와 약속과 언약과 연합이 모두 불공정한 것이 됩니다. 피조물은 조금도 내놓을 수 있는 것이 없습니다. 구속주께서 거대한 일의 대가를 지불하셨습니다. 그것도 하나님께서 가장 크게 내신 것입니다. 천국은 막대한 것입니다. 제자에게 냉수 한 잔은 보잘것없는 도움일지 모릅니다. 하지만 하나님께서는 자유롭게 보답해주시는 분이십니다. 그분은 수백 배를 넘어 영생으로 갚아주시는 분이십니다(마 19:28-29 참고). 은혜는 한 달란트를 수많은 달란트로, 또 거대한 가치로 값을 매깁니다. 다섯 자 정도의 진흙 덩어리에 영혼이 깃들고 따뜻한 온기를 갖게 된 피조물이 천사 중의 왕자, 지상의 왕 중 왕이시요, 세상을 지으신 위

대하신 창조주이신 주 예수님과 결혼한 것입니다. 하지만 하나님의 은혜로 이루어진 이 결혼은 참으로 불공평한 결혼입니다. 이 둘의 조합보다 불공평하고 더 은혜로운 연합이 어디 있습니까! 성부의 뜻으로 된 이 결혼에 비하면 하나님을 향한 우리의 보잘것없는 사랑과 마음은 정말 푼돈에 불과한 것입니다. 하지만 오, 이루어진 약속은 얼마나 위대합니까! "사람이 나를 사랑하면 내 말을 지키리니 내 아버지께서 그를 사랑하실 것이요." 오, 얼마나 큰 보수입니까! 하나님께서는 정말 소량에 불과한 제한된 우리의 사랑에 무한하신 사랑의 달란트로 갚아주십니다. "우리가 그에게 가서 거처를 그와 함께 하리라" (요 14:23).

3) 여러분의 약한 믿음 때문에 너무 낙심하지 마십시오. 약속은 강한 믿음보다 약한 믿음에서 시작됩니다. 그리스도께서 약한 믿음에 약속해주신 것은 별로 없고 강한 믿음에만 수많은 약속을 해주셨다면 약한 신자는 자신의 허벅지를 치고 자신의 손을 비틀며 "화로다, 나여, 난 정말 이룬 게 없구나."라고 말할 것입니다. 약속은 위대한

믿음이나 강한 믿음이 아닌 순수한 믿음 자체로 이루어집니다. 천국과 영광은 연령에 상관없이 모든 자에게 약속된 것입니다. 즉 그리스도 안에서 나이 많은 자나 아버지, 기어 다니는 그리스도 안의 유아, 손만 빠는 유아에게도 해당되는 것입니다. 필시 천국에는 약한 신자, 또는 같은 양 떼에게 무시 받았던 자나 연약한 자가 많이 있을 것입니다. 그들 모두 강한 아브라함뿐만 아니라 자신같이 연약한 사람을 용납해주시고 부드러운 가슴으로 품어주신 그리스도께 감사하게 생각하고 있을 것입니다. 또한 천국에는 모세와 최고의 선지자들, 다윗, 왕의 믿음을 소유한 왕가의 최고의 선지자들만 있는 것이 아닙니다. 기어 다니기만 했던 불쌍한 영국과 스코틀랜드의 낮은 그리스도인들도 있을 것입니다. 복음의 역사에 반응해 작은 은혜가 이룬 것이 이렇습니다.

반론에 대한 대답

반론 1 : 나의 믿음을 따라 이루어진다면 저의 조건은 어떠해야 합니까? 또 어떤 사람이 믿음이 없는 자입니까? 최소한 이 문제로 수도 없이 걱정했습니다. 이 복음적 평안이 아무 도움이 되지 않았습니다. 왜냐하면 자유의지 문제가 크게 걸려있기 때문입니다.

대답 : 첫째, 구원을 말할 때 자유의지가 마치 우리 믿음의 유일한 조성자이거나 저자로 언급된다면 여러분의 평안은 냉랭하거나 작을 수밖에 없습니다. 하지만 그리스도께서 자유의지를 조성하시고 값없는 은혜도 모두 조성하십니다. 동의하든 거부하든 천국은 그리스도의 관대하심과 온유하심과 값없는 은혜로도 언급됩니다. 구원이 그리스도의 인장을 받았다면 그것은 완성된 일로써, 의지가 악한 꾀를 쓰거나 거부할 정도로 심하게 약화되는 일은 없을 것입니다. 둘째, 구원은 우리 믿음의 양이나 정도를 언급하지 않습니다. 설령 그렇다 해도 그리스도께서 약한 믿음을 강한 믿음이 되게 하실 것입니다. 여러분의 믿음이 약하거나 강한 것은 구원에서 문제가 되지 않습니다.

반론 2 : 하지만 복음에 다른 조건이 있지 않습니까? 어떤 사람은 말하기를, 구원은 꼭 믿음에만 얽매이지 않는다고 합니다. 물론 사람이 믿음 없이 구원받을 수 없지만 믿음이 유일한 조건은 아니라는 것입니다. 모든 남자와 여자와 아이들까지, 즉 하나님의 교회 전체가 오직 전적으로 그리스도의 공로로 구원받습니다. 그리스도의 공로가 그분께서 우리의 본성을 사용하시고, 또 우리가 그분 안에서 협력함으로써 우리에게 충분하고 효과적으로 적용되는 것 아닙니까.

대답 : 첫째, 그것이 하나님께서 명하신 조건은 맞지만, 둘째, 믿음 없이 우리는 구원에 이르지 못하고 모든 사람은 영원히 저주받을 것입니다. 율법 준수가 율법으로 구원받는 조건이 분명한 것처럼(롬 10:5 참고), 믿음도 구원의 조건입니다. 이 두 가지 모두 하나님께서 제정하신 것입니다. 믿지 않으면 하나님의 진노가 이미 모든 사람 위에 머물러 있고, 모두 정죄를 받은 것입니다. "주 예수를 믿으라 그리하면 너와 네 집이 구원을 받으리라"(행 16:31). "너희가 만일 내가 그인 줄 믿지 아니하면 너희 죄 가운데서 죽으리라"(요 8:24, 그 외 참고할 구절: 요 3:18, 36).

1) 구원을 얻으려고 어떤 대가를 치르고 살 수 있는 조건은 없습니다. 우리가 돈이나 속전으로 구원을 얻을 수 없다는 것은 저도 인정합니다. 그리스도의 피가 유일한 조건입니다. 하지만 솔직히 그리스도의 피가 유일한 조건이

라고만 말하고 끝내는 것은 너무나 부족한 표현입니다. 왜냐하면 고귀한 그리스도의 피가 완전한 만족을 이루고 완벽한 속전을 지불하셨기 때문입니다. 우리는 그리스도의 죽으심으로 구원받는 조건에 믿음을 담보물로 설정하지 않습니다. 왜냐하면 그리스도의 죽으심은 세상에서 모든 조건을 훨씬 능가하는 위치를 차지하기 때문입니다. 또한 믿음은 그리스도와 연합해서 구원을 이루는 원인이 될 수 없습니다. 오직 구속자께서만 전능하신 하나님의 진노의 포도주 틀을 밟으실 수 있으십니다. 아무리 초자연적인 행위라 해도 어떤 피조물의 행위도 구속자만 하실 수 있는 일에 끼어들 수 없습니다. 세상 모든 나라 중 어느 나라도 그분의 일에 협력할 수 없습니다. 우리는 그리스도께서만 홀로 값없는 구속의 대가를 지불하시고 구원의 공로를 이루신다고 고백할 뿐입니다. 그리스도께서 구속의 일을 하시는 일에 누구도 함께할 수 없습니다. 연합기관이든 사람이든 천사든지 간에 어느 누구도, 어느 무엇도 구속주와 같을 수 없기 때문입니다.

2) 복음에서는 율법이 아닌 믿음이 조건입니다. 구원을 받

으려면 구원을 비는 것이 전부이지, 행위로 인한 공적이 나 개인적인 율법의 성취가 조건이 될 수 없습니다. 복음의 조건은 값없는 은혜를 높이고 인간의 행위를 인정하지 않습니다. 왜냐하면 "죄인은 포로가 되어 노예가 된 잃어버린 상태"이기 때문입니다. 복음은 율법이나 인간의 행위보다 그리스도의 존귀한 왕좌를 높입니다. 그렇습니다. 그것은 행위로 보상을 구하고 택함 받은 천사의 수고를 능가하는 것입니다. 구원에서 인간에게 적합한 조건 중에 복음의 조건보다 탁월한 것은 없습니다. 왜냐하면 이것은 모든 천국보다 그리스도의 영광을 높이며 그리스도 안에 있는 값없는 의와 풍성한 구속을 전하고, 육신의 공로를 먼지로 만들며, 두려움과 저주의 영의 속박을 지옥처럼 낮추기 때문입니다.

3) 그리스도께서 그 오른팔로 죄인을 구덩이에서 꺼내시는 역사는 얼마나 달콤하고 쉬운 방법으로 되는지요. 전능한 은혜의 역사, 즉 그리스도를 믿고 구원의 소망을 오직 그리스도께 두는 것은 믿지 않는 자연인이 보기에 말도 안 되고 이해할 수 없는 것입니다. 네, 자연인에게는 불

가능한 일로 보입니다. 또한 은혜의 역사는 율법의 행위로 구원을 이루려는 것과 같지 않습니다.

가) 왜냐하면 전능하신 분께서 수월하고도 본질적으로, 그리고 힘 있게 사람의 의지 안에 하늘에 속한 성향을 창조하셔서 그리스도와의 결혼을 반대하는 영혼의 의지가 결국 결혼을 수락하게 만들기 때문입니다.

나) 성령님께서는 먼저 믿음을 주시고, 이 믿음의 바퀴가 그리스도의 사랑의 기름으로 부드럽게 돌아가도록 하십니다. 그래서 사람이 그리스도의 아름다우심과 매력을 인식하게 하십니다.

다) 믿음을 힘 있게 이루는 은혜의 전능한 능력이 영혼을 압도하고 사로잡아 생각과 이성을 주도하게 됩니다. 또한 그리스도께서 이성의 능력에 아주 힘 있게 역사하셔서 이해와 지성의 능력을 감동시키십니다. 그 결과, 경망스러운 이성이 통제됩니다. 마음은 잠잠해지며 그리스도의 아름다우심을 인식하는 일에 강하게 끌리게 됩니다. 그래서 선택의 여지 없이 마음은 그리스도처럼 가치 있고, 아름다우며, 사랑스

러운 분이 없다는 것을 확신하게 됩니다. 마음은 이제 영적인 것으로 충만해지고, 천국에서 유입된 강력하고 추진력 있는 사랑으로 인해 "그리스도처럼 사랑스러우신 분을 지나칠 수 없다."고 결론 내립니다. 다시, 여러 근거를 대조해보고 모든 것을 숙고한 결과, 영혼은 이런 구세주를 선택하는 것이 전적으로 타당하고 옳다는 것을 알게 됩니다. 이제 바다와 같고 산더미와도 같은 하나님을 아는 지식이 더 높은 영혼의 기능들을 압도하게 됩니다. 그 결과, 마음과 이해력은 다음과 같은 결론을 내릴 수밖에 없는 상태가 됩니다. "저주받고 포로 된 자가 누구에게 도망치리요? 하지만 여기 영혼에 복 주시는 구속주, 잃어버린 죄인을 위해 속전을 지불하신 분이 계시지 않은가?" 믿음이 곧 증거요(히 11:1 참고), 눈으로 볼 수 없는 그리스도의 아름다우심을 강력히 확신하게 합니다. 그러므로 죄인은 전능하신 하나님께서 가르쳐 주시는 과정을 통해 그리스도께 이끌립니다. "선지자의 글에 그들이 다 하나님의 가르치심을 받으리라 기록되었은즉 아버지께 듣고 배운 사람마다 내게로 오느니라"(요 6:45). "나의 사랑하는 사람들아 많이 마시라"(아 5:1). "… 네 사랑이 포도주보다 나음이로구나 왕이 나를 그의 방으로 이끌어 들이시니 너는 나를 인도하라 우리가 너를 따라 달려가리라 우리가 너로 말미암아 기뻐하며 즐거워하니 네 사랑이 포도주보다 더 진함이라"(아 1:2, 4). 종종 포도주는 이성을 누릅니다. 그리스도께서는 영혼을 사랑의 바다의 높은 조류에 취하게 하셔서 이런 믿음의 상태가 부드러우면서도 강력하게 역사되도록 하십니다. 이것은 우리가 아닌 그리스도께서 이루시는 상태입니다.

그리스도께서 우리의 본성을 취하셨다는 사실이 구원의 적용까지 내포하고 있는 것은 아닙니다.

1) 그리스도께서 아담의 자손이 되신 문제를 모든 사람의 구원 문제에 공통으로 적용해서는 안 됩니다. 만일 공통으로 적용한다면 저 멸망의 자식이었던 바로와 유다뿐만 아니라 하나님께서 유기하기로 작정하신 모든 사람에게도 성도들과 마찬가지로 응당 구원을 적용해야 되기 때

문입니다. 그렇게 된다면 하나님의 말씀은 공허한 것이 될 것입니다. 또한 구원받은 우리에게 천국과 지옥의 실재를 믿는지에 대한 여부는 더 이상 해당하지 않습니다. 우리는 이미 천국과 지옥의 실재를 믿기 때문입니다.

2) 그리스도를 효과적으로 적용시키는 일은 그리스도께서 하시는 일입니다. 마치 포도나무의 줄기와 같습니다. "그런즉 누구든지 그리스도 안에 있으면 새로운 피조물이라"(고후 5:17). 그리스도께서 그 사람 안에 거하시고 사시며(갈 2:20; 엡 3:17 참고), 그도 그리스도 안에 있게 됩니다. 하지만 메마른 가지가 많아서 그리스도에게서 잘려 나와 지옥의 불에 던져질 것이고, 많은 사람이 마귀의 포로가 될 것입니다.

다. 우리는 믿음 안에서 성장해야 하고 입을 벌리고 영혼을 넓혀야 합니다. 그러면 주님께서 채워주실 것입니다. 우리 믿음의 분량이 충분하고 믿음 이상의 일을 해냈다면 은혜도 더욱 풍성해지고 더 위대한 일을 볼 것이고 그리스도 안에서 더 달콤하고 안락한 삶을 누리게 될 것입니다.

1) 우리의 그릇은 작아서 하나님의 충만하심을 조금밖에 채우지 못합니다. 그리스도께서는 은혜의 바다이시건만, 그 바닷물을 담는 우리의 그릇이 너무 작아 가장 작은 크기의 바구니를 사용해야 할 정도입니다. 그래서 조금밖에 담을 수 없고, 그 결과, 우리는 여전히 공허하고 메마르고 굶주린 상태를 유지하고 있습니다. 그러므로 우리 영혼에서 그리스도께서 말씀하신 것을 잊지 않도록, 그리고 언제라도 하나님의 은혜를 충만히 담을 수 있는 넉넉한 그릇이 되어야겠습니다(히 2:1 참고). 그런 그릇이 되지 못한다면 복된 천국의 산에 조금밖에 오르지 못 할 것입니다. 또한 오르다가도 포기하고 도망칠 것입니다. 더 나아가 제대로 성장도 못 할 뿐만 아니라 주님께서 준비해두신 영혼을 살찌우고 강하게 해줄 수 있는 주님의 집에 이르지도 못할 것입니다.

2) 우리의 삶은 안락하지 못합니다. 우리의 마음은 의심과 약한 믿음으로 좁습니다. 우리는 그리스도를 조금밖에 수용하지 못했습니다. 왜냐하면 우리의 마음이 그분을 더 많이 수용할 정도로 확장되지 않았기 때문입니다. 많

은 사람이 은혜의 근교에서 살아갑니다. 보잘것없는 내용물을 보유하고 일평생을 은혜의 입구 근처에서 지냅니다. 그들은 겨자씨 하나같은 믿음으로 천국에 이르지만 이 땅에서 위대한 일은 보지 못하고 죽습니다. 평생 가장 치열하게 싸우는 문제가 바로 의심입니다. 잘 성장하지 못한 이유는 아래 내용처럼 여러 가지입니다.

가) 믿음의 삶이 강하지 못한 것은 뿌리가 약하기 때문입니다. 나무가 절반만 심겨지면 수명도 짧아지고 열매도 맺지 못합니다. 그 나무는 다른 나무와 마찬가지로 숱한 여름과 온기, 많은 습도와 비를 맞습니다. 하지만 땅에서 수액을 많이 받지 못합니다. 지붕 꼭대기에 있는 옥수수가 절대 수확되는 것을 볼 수 없듯이, 옥수수에게 지붕은 나쁜 토양입니다. 이처럼 많은 신자가 안 좋은 상태에 있습니다. 은혜의 키를 늘릴 수단과 너무 떨어져 있어 성장이 더딥니다.

나) 많은 사람이 그리스도가 아닌 폭풍을 봅니다. 제자들은 한배에 타고 계신 분이 누구신지 생각지도 못했습니다. 그분께서 바다와 바람을 지으신 분이신데

말입니다. 제자들은 폭풍의 세기와 약한 배만 쳐다보면서 믿음이 약해져 두려움에 떨었습니다. 그리스도 안에 계신 하나님을 바라보는 믿음은 믿음의 근원이신 그리스도를 바라볼 때 힘을 얻습니다. 이것은 마치 무역으로 얻은 부의 성장이 계속해서 성장의 길을 터주는 것과 같습니다. 라오디게아 교회는 자신이 소유한 것만 보았지 그리스도와 그분의 옷을 보지 못하고 자신이 눈 먼 것도 몰랐습니다. 라오디게아 교회는 그분을 느낄 수도 없는 상태였고 가난하고 궁핍하고 벌거벗은 채로 있었습니다. 그리스도를 바라보지 않고 우리 안에 우리 자신이 만들어 놓은 은혜와 내용물을 볼 때 우리는 약해지고 믿음은 둔해집니다. 어떤 사람이 자신이 가진 금에 대해 발설하지 않는다고 해서 그의 부와 재산이 늘어나는 것도 아니고, 양의 수를 센다고 해서 양 떼가 늘어나지 않습니다. 우리가 만든 은혜는 샘을 믿도록 인도할 수는 있어도 믿음으로 먹이고 성장하게 할 수는 없습니다. 믿음은 아무리 거리가 멀어도 믿음의 양식을 조달할 수 있습니다. 믿음은 그리스도를 자주

보고 그분을 붙잡는 훈련을 통해 믿음의 생명을 성장시키고 강화시킵니다. "그러므로 우리가 낙심하지 아니하노니 우리의 겉사람은 낡아지나 우리의 속사람은 날로 새로워지도다"(고후 4:16). 이것이 바로 날마다 자라는 믿음입니다. 하지만 어떻게 이렇게 할 수 있습니까? "우리가 주목하는 것은 보이는 것이 아니요 보이지 않는 것이니 보이는 것은 잠깐이요 보이지 않는 것은 영원함이라"(18절).

3) 모든 질병이 그렇듯 편식은 신체 성장을 방해하며, 정욕과 타락은 영적 성장을 방해합니다. 둑을 넘는 강한 물살은 모든 바다 생물체의 성장을 막는 모래를 흩어버립니다. 정욕의 지배가 우세해지면 믿음의 삶에 많은 십자가를 만들고 은혜의 성장을 막게 됩니다. 교만에서 나온 하나의 정욕이 믿는 것을 아예 불가능하게 만들 수도 있습니다. "너희가 서로 영광을 취하고 유일하신 하나님께로부터 오는 영광은 구하지 아니하니 어찌 나를 믿을 수 있느냐"(요 5:44). 이 말씀이 잘 드러내고 있는 것은, 영적 삶에서 방해되는 것은 곧 영적 성장의 방해로 이어진다는

것입니다. 그래서 그리스도께서 "너희가 어떻게 믿음의 성장을 이룰 수 있느냐?"라고 말씀하실지 모릅니다.

4) 영적 목마름이 부족하면 성장하지 못합니다. 우리는 자신이 가진 것이 얼마나 적은지 모르고 있습니다. 또한 젖과 포도주가 흐르는 곳에 이르지도 못했습니다(사 55:1 참고). 필요와 부족을 파악하고 감지하면 그것을 공급받을 수 있는 곳을 찾게 마련입니다. 갈증 난 사람은 물가로 달려갑니다. 우리가 그리스도로부터 더 많은 것을 받아 성장하려고 애쓰는 때가 있습니다. 그때는 우리에게 필요한 것이 얼마나 많은지 깨닫고 그리스도가 어떻게 내 안에서 역사하실 수 있는지 고민할 때입니다. 금을 찾는 사람의 동기와 이해도 이와 같습니다. 금을 찾는 사람이 사방으로 금을 찾으러 다니는 동기는 자신이 소유하고 있는 금의 양을 늘리고 싶기 때문입니다. 양식을 구하는 사람도 마찬가지입니다. 더 오래 살고 싶은 갈망 때문에 좋은 양식을 구하러 나서게 되는 것입니다.

라. 믿음이 공로가 된다는 생각은 꿈도 꾸지 마십시오.

믿음이 커질수록 그 과정을 통해 그리스도를 더 많이 소유하게 됩니다. 적극적으로 거부하는 것이 있으면 상대적으로 같이 거부되는 것도 있기 마련입니다. 그리스도께서 믿음을 공로로 내세우는 곳에 은혜를 주시지 않으면 믿음보다 더 큰 공로가 있어도 은혜를 받을 수 없습니다. 여기서 은밀한 밀거래는 있을 수 없습니다. 우리가 그리스도께로부터 더 많은 것을 받고 싶다면 그리스도께서 말씀하신 것을 따라 영적인 노력을 많이 기울여야 하지, 우리의 열심을 통해 받으려고 해선 안 됩니다. 우리가 하나님의 은혜를 받은 것을 토대로 열심히 수고한다면 헛된 결과로 돌아오지 않을 것입니다. 하나님께서는 두 달란트로 더 많은 달란트를 모은 자를 칭찬하셨듯이 다섯 달란트로 더 많은 것을 모은 자도 칭찬하셨습니다. 은혜로 수고한 것을 잃게 되는 일은 없을 것입니다. 반면, 하나님을 자신에게 빚진 것은 반드시 갚아주셔야 하는 분으로 생각하는 사람을 하나님께서는 참아주지 않으십니다.

우리가 기억할 것이 있습니다.

1) 복음적 약속에는 불완전한 순종일지라도 보상이 있다고 말합니다. 이것은 언뜻 주님을 빚진 자로 보이게 만들 수 있습니다. 그럴지라도 행위를 빚으로 보는 율법처럼 우리의 순종을 빚으로 여기거나 주님께 전가해선 안 됩니다. 물론 하나님은 신실하신 분이시므로 율법의 약속과 복음의 약속을 모두 지키십니다. 왜냐하면 여기서 빚과 은혜는 서로 친구이기 때문입니다. 율법에서 생명은 율법의 순종 여하에 따라 주어집니다. 생명의 권리도 율법을 이행했을 때 가지게 됩니다. 이렇게 엄격한 행위를 요구하는 것은 세상 어디에도 없습니다. 이에 따라 보상과 보상을 얻을 권한, 즉 소유와 권한을 모두 갖게 됩니다. 복음에서 영생의 소유는 행위로 이루어진다고 말할지 모르지만, 엄밀한 권리, 즉 영생을 소유할 엄밀한 권리는 복음적인 면에서 볼 때 행위로 이루어지지 않습니다. 행위는 오직 그리스도의 공로의 열매로 맺혀지는 것입니다. 우리를 위해 그리스도께서 이루신 값없는 은혜를 믿는 것이 곧 하늘나라 왕국에 들어가게 하는 유일한 길입니다. 우리가 구원을 위해 제시할 수 있는 가장 강력한 공로라 할지라도 율법의 기준으로 보나 복음의 기준으로

보나 턱없이 부족할 뿐입니다. 다른 의의 개입 없이 공로를 개인이 행위로 갚아야 할 빚으로 취한다면 율법의 내용에서만 공로가 될 뿐 복음 안에서는 누구도 공로로 내세우지 못합니다. 그러므로 율법보다는 복음 안에서 천국 갈 권리를 얻기 위해 더 고귀한 대가가 요구되는 것입니다. 왜냐하면 율법에서 생명은 다른 무엇도 아닌 오직 인간의 행위에 따라 주어지는 반면, 복음에서 생명은 하나님의 고난당하심과 그분의 피로 고귀한 속전을 치르신 것을 근거로 주어지기 때문입니다. 그 외 다른 것은 없습니다.

2) 설교의 은사, 예언의 은사, 방언의 은사는 모두 은사라는 점에서 하나라고 말할 수 있습니다. 하지만 구원하는 은혜나 구원의 습관이나 행위는 또 다른 것입니다. 은사는 공로나 공적 없이 주어지지만 어떤 은사는 노력과 인위적인 수단으로 가질 수 있습니다. 은사는 구원하는 은혜가 아닙니다. 하지만 구원의 원리에서 나온 은사의 은혜로운 이행은 구원하는 은혜를 전달하는 도구로 작용할 수 있습니다. 베드로가 주 예수님을 사랑하여 그리스도

의 양 떼를 먹인 것과 같습니다. 꼴을 먹이는 것은 단지 은사에 불과하지만, 그런 방식을 따라 먹이는 것은 그리스도의 사랑에서 비롯된 은혜로운 행위이므로 높은 원리에서 나온 것입니다. 이는 또한 그리스도를 위하는 것입니다. 구원하는 은혜는 구원하는 역사를 이룰 수 있는 것으로 초자연적 은사입니다. 보통의 은사로는 구원하는 은혜를 이룰 수 없습니다. 그러므로 구원하는 은혜는 우리에게 유익합니다.

마. 복음의 약속이 믿음으로 이루어진다는 사실은 아무도 게으르면 안 된다는 것을 가르쳐줍니다. 하지만 우리에게 요구되는 것은 믿음을 통해 우리에게 꼭 있어야 할 것을 아는 것입니다. 우리는 죽은 자들도 아니요, 수동적인 도구도 아닙니다. 믿음이 우리에게 있습니다. 이 믿음으로 우리는 약속의 달콤한 열매를 먹을 수 있습니다. 다음의 내용을 봅시다.

1) 믿음 없이 그리스도를 영접할 수 없습니다. 그리스도께서는 죽은 사람이나 벽돌 같은 존재에게 천국을 강요하

지 않으십니다. "영접하는 자 곧 그 이름을 믿는 자들에게는 하나님의 자녀가 되는 권세를 주셨으니"(요 1:12).

2) 믿지 않는 자에게 생명은 없습니다. "그를 믿는 자는 심판을 받지 아니하는 것이요 믿지 아니하는 자는 하나님의 독생자의 이름을 믿지 아니하므로 벌써 심판을 받은 것이니라"(요 3:18). 하나님께서 사람들을 천국에 벽돌 나르듯이 데려가시고 믿음은 조건이 아니라고 말하는 것은 참으로 무례한 언사입니다. 또 우리가 반드시 이행해야 할 의무도 하나 없다고 말하는 것 역시 무례한 것입니다. 그런 사람은 지옥의 공포는 생각지 않고 천국에만 관심을 쏟으며 그리스도께 우리 구원의 짐을 떠맡기며 자신이 할 수 있는 모든 일도 거부할 것입니다. 그러면서도 다음과 같이 말할 수 있습니다. "그리스도께서 내가 잠들 때 천국으로 데려가시도록 그리스도께서 직접 하신 진리의 약속들과 주님의 영예만 생각할 것이다." 이것은 마치 상인이 "오직 주님께서 복 주셔야지 부자가 될 수 있다. 그러므로 물건을 사거나 팔지도 않고 물건 때문에 다른 나라로 가거나 바다를 건너지도 않겠다."고 말하는 것과

같습니다. 또는 농부가 "오직 하나님께서만 산과 계곡을 잔디와 곡식과 양 떼로 가득 채우실 수 있다. 그러므로 나는 쟁기질을 그만두고 양 떼를 돌보지 않겠다."고 말하는 것과 같습니다.

하나님께서 자비를 베푸시는 것이 반드시 우리가 하나님을 위해 하는 일과 하나님을 향한 우리의 의지 때문은 아닙니다. 하지만 그렇다고 "난 더 이상 일도 하지 않고 하나님을 위해 마음도 정하지 않겠다."고 생각해선 안 됩니다. 우리의 행위들이 꼭 하나님께서 역사하시는 요인으로 작용하지는 않습니다. 하지만 그럴지라도 우리가 하는 일과 우리의 마음이 하나님의 자비를 입는 것과 전혀 무관하지는 않습니다. 왜냐하면 우리가 하나님을 위해 하는 일과 하나님을 향한 우리의 의지는 우리가 응당 해야 할 의무이자 수단들로 작용할 수 있기 때문입니다. 신부가 그리스도를 찾으러 거리로 나서면서 성안을 순찰하는 자들을 만나서 "내 마음으로 사랑하는 자를 너희가 보았느냐?"고 묻는 것은(아 3:3 참고) 그리스도를 사랑하기 때문입니다. 막달라 마리아가 주님을 만난 것은 그녀가 아침 일찍 일어나 무덤을 살피고 울며 그리스도를 찾았기 때문입니다. 우리의 구원은 우리의 믿음에 달려 있습니다. 그러나 구원이 이루어지는 데 어떤 것도 공로가 될 수 없습니다.

지혜를 찾는 자는 지혜를 찾을 것으로 믿습니다. 왜냐하면 지혜가 "나를 간절히 찾는 자가 나를 만날 것이니라."(잠 8:17)고 말했기 때문입니다. 수단이 목적이 아닙니다. 천국 가는 길이 천국이 아니며 수단이 하나님이 아닙니다.

하지만 하나님께서 우리를 믿음에 묶어두신 것은 그리스도께서 이루신 모든 사역을 오직 믿음으로만 받을 수 있기 때문입니다. 믿음이 성도들의 동일한 토대이기 때문에 하나님의 지혜를 경멸한 이단들과 거짓 교사들은 결국 망할 것입니다. 또한 나라의 관리들이 성도들의 믿음을 전복시키려 방해하지도 못할 것입니다. 왜냐하면 오직 하나님께서만 그분의 진리의 능력으로 거짓말과 오류를 좌절시키시기 때문입니다. 택함 받은 자들의 믿음은 절대 전복될 수 없습니다. 추수 때까지 가라지가 자라도록 내버려 두십시오. 하지만 여러분이 하나님께서만 하실 수 있고, 또한 장차 하실 일로 논쟁을 일삼는다면 디도서 3장 10절의 말씀처럼 이단을 훈계할 수 없으며, 마치 괴저병이나 궤양처럼 말씀을 왜곡하는 이런 이단을 질책할 수도 없을 것입니다. 왜 그렇습니까? 오직 하나님께서만 그분의 진리의 능력으로 이단의 오류와 거짓말을 좌절시키실 수 있기 때문입니다. 또한 하나님께서 택하신 자라면 마지막 날에 이단으로 드러날 수 없습니다. 이단은 하나님께서 택하신 자에게 마지막까지 조금도 영향을 줄 수 없습니다.

셋째. 치유의 효과

> "그 눈들이 밝아진지라 예수께서 엄히 경고하시되 삼가 아무에게도 알리지 말라 하셨으나 그들이 나가서 예수의 소문을 그 온 땅에 퍼뜨리니라"(마 9:30-31).

하나님께서만 하실 수 있는 기적을 그리스도께서 일으키신 후의 내용에 이르게 되었습니다. 맹인의 눈을 뜨게 하신 것은 눈과 귀와 생명을 지으신 분의 특권입니다(시 146:8). 인간의 기술로도 눈의 염증을 낫게 할 수 있습니다. 또는 흐릿하게 보이는 것을 잘 볼 수 있게 하거나 맹인이 되는 것을 막을 수 있습니다. 하지만 시력을 완전히 상실하고 신경도 훼손되면 인간이나 천사가 모든 기술을 다 동원해도 시력을 회복시킬 수 없습니다. 새롭게 눈을 뜨는 것, 특별히 맹인의 눈을 완벽하게 치유하는 일에는 전능한 능력이 요구되는 것입니다. 따라서 교리는 이것입니다. "세상에서 가장 어려운 일도 주님에게는 전혀 어렵지 않다. 전능하신 분께서 모든 것을 하실 수 있다."

세상이 모두 창조되고 나서 하나님께서 새로운 피조물을 창조하신 일은 없습니다. 그보다 피조물이 상하고 병들면 몇 번이고 치유해주십니다. 하나님께서 모든 사람을 지으셨습니다. 사람이 흙으로 돌아가도 하나님께서는 창조하셨을 때와 똑같은 생명과 몸으로 회복시켜 주실 수 있으십니다. 자연은 하나님께서 손수 지으신 독특한 작품입니다. 자연이 병들어도 하나님께서는 완벽하게 고치실 수 있으십니다.

하나님께서는 자연의 흐름이 마비되고 이탈해도 다시 고치시고 원활한 흐름이 되게 하실 수 있으십니다. 그리스도께서 첫 번째 창조처럼 두 번째 창조도 문제없이 이루십니다. 오, 오직 그분께서만 옛 사람 안에서 과감히 새로운 역사를 일으키십니다! 주님께서는 침대 옆자리만큼 우리에게 더 가까이 오시는 분이십니다. 그분은 죽은 자를 살리시고 그의 뼈를 맞추시는 의사이십니다. 그분은 눈부시고 새로운 두 번째 세상을 이루십니다.

(이 강론의 나머지 내용은 찾을 수 없습니다. 본서는 저자의 소천 후 오십 년 뒤에 출판된 것입니다.)

기도와 믿음의 능력

The Power of Faith & Prayer

펴 낸 날 2019년 10월 20일 초판 1쇄

지 은 이 새뮤얼 러더퍼드
옮 긴 이 김현준

펴 낸 이 한재술
펴 낸 곳 그 책의 사람들

디 자 인 참디자인

주 소 경기도 안성시 공도읍 공도로 150, 107동 1502호
팩 스 0505-299-1710
카 페 cafe.naver.com/thepeopleofthebook
메 일 tpotbook@naver.com
등 록 2011년 7월 18일 (제251-2011-44호)
인 쇄 불꽃피앤피

책 값 11,500원
ISBN 979-11-85248-29-5 03230

이 도서의 국립중앙도서관 출판시도서목록(CIP)은
서지정보유통지원시스템 홈페이지(http://seoji.nl.go.kr)와
국가자료공동목록시스템(http://www.nl.go.kr/kolisnet)에서 이용하실 수 있습니다.
(CIP제어번호 : CIP2019038725)

· 이 책은 출판 회원분들의 섬김으로 만들어졌습니다.